Flores del romancero

Flores del romancero

EDITED BY
Amelia Agostini de del Río
Professor Emeritus, Barnard College

CARL A. RUDISILL LIBRARY
LENOIR-RHYNE COLLEGE

PRENTICE-HALL, INC., *Englewood Cliffs, New Jersey*

PQ
6196
.F57
1970
V1
Sept. 1999

PRENTICE-HALL INTERNATIONAL, INC., *London*
PRENTICE-HALL OF AUSTRALIA, PTY. LTD., *Sydney*
PRENTICE-HALL OF CANADA, LTD., *Toronto*
PRENTICE-HALL OF INDIA PRIVATE LIMITED, *New Delhi*
PRENTICE-HALL OF JAPAN, INC., *Tokyo*

© 1970 by
PRENTICE-HALL, INC.
Englewood Cliffs, N.J.

All rights reserved.
No part of this book may be reproduced
in any form or by any means
without permission in writing from the publisher.

Library of Congress Catalog Card No.: 73–93965

13–322552–6

Current printing (last digit)
10 9 8 7 6 5 4 3 2 1

CARL A. RUDISILL LIBRARY
LENOIR-RHYNE COLLEGE

Printed in the United States of America

Indice

Romances históricos y legendarios

Romances carolingios y romances artúricos o del ciclo bretón

Romances fronterizos y moriscos

Romances novelescos y líricos

Flores del romancero

Palabras preliminares

Definición

El romance[1] es un breve poema épico-lírico de indeterminado número de versos octosílabos, asonantes los pares, que se cantaba o se recitaba al son de un instrumento para divertir a un auditorio o para la danza. Lo cantaban, y lo siguen cantando, sin instrumento, para solaz individual, los hombres y las mujeres en sus faenas cotidianas o en las veladas familiares.

Intervención del pueblo

Los juglares que los componían no eran hombres instruídos pero compensaban la falta de letras con la sensibilidad y la intuición de lo poético. Con el tiempo la creación de un individuo, del juglar o del poeta anónimo, pasaba a ser propiedad de todos que, al cantar los romances y difundirlos, fueron añadiendo, suprimiendo o cambiando versos a su antojo, creando así infinitas variantes en el fluir de los años. El *Romancero* es popular, pues, en el sentido de que el pueblo intervino en la selección y difusión y lo convirtió en un arte colectivo, anónimo y tradicional, en un maravilloso mundo poético que satisfizo las apetencias espirituales o estéticas de aquellos cultos analfabetos de los siglos XIV y XV y luego recreó a las clases aristocráticas y a los más grandes poetas del siglo XVI en adelante. En el lento proceso evolutivo van elaborándose distintas modalidades

---

[1] La palabra *romance* tiene varias acepciones: cada una de las lenguas modernas derivadas del latín; lengua española; combinación métrica; composición poética escrita en romance. No se debe usar como sinónimo de novela ni de idilio amoroso.

y estilos de acuerdo con la sensibilidad de cada época a través de los cuales podría decirse que lo puramente narrativo se ve suplantado por el lirismo y que hay una tendencia general a la brevedad, salvo en el Romanticismo.

Trasmisión

Los romances no se escribían para leerse sino para cantarse y se trasmitían oralmente de generación en generación. Cuando le fallaba la memoria al que lo cantaba no le sería difícil suplir palabras o versos. Era literatura para el oído comparable en nuestra época a las canciones que canta por la radio el vocalista de canciones de moda o a las que, sacadas de zarzuelas, canta una joven al micrófono. Juglares y juglaresas en campamentos y castillos o en calles y plazas llenaban el mismo cometido.

Origen

Los romances en sus comienzos heroicos eran fragmentos desgajados de los antiguos cantares de gesta. En estos cantares había, naturalmente, partes de mayor belleza que eran las que impresionaban al oyente. A fuerza de oirlos y de cantarlos cobraron estos trozos vida perenne hasta venir a ser algunos de los romances que ahora leemos y a veces cantamos. El juglar no sólo aprovechaba los cantares de gesta sino que a veces acudía a las Crónicas que habían prosificado estos cantares.

Otros romances, como se verá más adelante, tienen su origen en los hechos históricos contemporáneos (los histórico-nacionales y los fronterizos) o en fuentes literarias europeas (los novelescos). También se inspiran en la Biblia, en la historia antigua, la mitología, etc., o son meros desahogos de un espíritu angustiado por problemas sentimentales o por la busca de Dios o la soledad o el dolor del destierro.

Fragmentarismo

En el proceso de abreviación del relato el fragmento más hermoso quedaba a menudo trunco. La vaguedad e indecisión del final daba una nota de misterio que lo hacía más poético, con lo cual el fragmentarismo pasó a ser un recurso estilístico. De modo que muchos romances, dado su origen por un lado, y, por otro, el sentido artístico innato en el pueblo, son fragmentarios.

El verso épico

El verso épico era irregular; variaban las sílabas de 11 a 18. Esta asimetría se debía a que el juglar se guiaba por el compás del canto sin atenerse al contar de las sílabas. Fueron predominando los versos de 14 y de 16 sílabas, divididos en hemistiquios. La rima era asonante (esto es, sólo eran iguales las vocales de las palabras últimas desde la sílaba acentuada hasta el fin) aunque alguna vez se produjese alguna rima consonante.

Impresión

Hasta mediados del siglo XVI se editaban los romances en versos de 16 sílabas, divididos en hemistiquios. Por ejemplo:

Primer hemistiquio	*Segundo hemistiquio*
Las huestes de don Rodrigo	desmayaban y huían
cuando en la octava batalla	sus enemigos vencían.
Rodrigo deja sus tiendas	y del real se salía:
solo va el desventurado	sin ninguna compañía.

La asonancia es *i-a*, siempre al fin del verso, en el segundo hemistiquio. En la segunda mitad del siglo XVI se imprimieron de distinta forma:

Las huestes de don Rodrigo
desmayaban y huían

cuando en la octava batalla
sus enemigos vencían.
Rodrigo deja sus tiendas
y del real se salía:
solo va el desventurado
sin ninguna compañía.

Como se ve, el segundo hemistiquio de cada verso pasó a imprimirse debajo del primer hemistiquio y por lo tanto sólo riman los versos pares; quedan libres, esto es, sin rimar, los impares.

También a fines del siglo XVI se imprimieron las tiradas de versos divididas en grupos de cuatro versos,[2] forma que ya habían adoptado los pliegos sueltos. Es lo que hace Lope de Vega en su romance:

A mis soledades voy,
de mis soledades vengo,
porque para andar conmigo
me bastan mis pensamientos.
¡No sé qué tiene el aldea
donde vivo y donde muero,
que con venir de mí mismo
no puedo venir más lejos!

Estructura rítmica del octosílabo

El octosílabo silábicamente regular acabó por ser el metro normal del romance. En su estructura rítmica el verso octosílabo lleva un acento invariable en la sílaba séptima y otro apoyo movible que recae en una de las siguientes sílabas:

1. en la *primera* sílaba: *I*base para París
2. en la *segunda* sílaba: Par*tí*mos cuando nacemos
3. en la *tercera* (con mayor frecuencia): Como *lan*zas de soldados

Las numerosas combinaciones de acentos prosódicos que a veces se acumulan en este verso se reducen rítmicamente a las tres modali-

---

[2] Ya a fines del siglo XV Juan del Encina había agrupado los versos del romance de cuatro en cuatro octosílabos, mas esta práctica no duró mucho hasta que a partir de 1589 se imprimieron las mayoría de las tiradas de versos en cuartetas (división a la que favorecía la música); esta forma predominó en el romancero nuevo.

dades indicadas, cuyo distinto movimiento y carácter actúan con frecuencia en la expresión artística de la composición.

Romancillos—Además de los romances octosílabos, se escribieron romancillos hexasílabos y, más tarde, heptasílabos y de versos más cortos.

Romance heroico—Romance heroico es el endecasílabo, con rima consonante o asonante, que se empleó en el siglo XVIII.

Novedades—Se introdujeron estribillos, como en "¡Ay de mi Alhama!" en "La pérdida de Alhama". En los romances del siglo XVI y XVII, llamados artísticos, se introdujeron redondillas y seguidillas, y en algunos, canciones de cuna y canciones de amigo.

Romanceros—Un romancero es una colección de romances. Hay romanceros particulares, como el del Cid, que trata de las hazañas de un héroe, o como el *Romancero gitano* de García Lorca, que trata de un tema particular. Cuando se dice *El Romancero* se quiere decir todos los romances españoles.

Radio del romance en el tiempo y en el espacio

El romance es el género español que mayor difusión ha tenido a través del tiempo y del espacio. Todavía hoy siguen escribiendo romances los poetas más destacados y los humildes poetas anónimos que cantan acontecimientos políticos y crímenes pasionales. Si el marqués de Santillana en su conocido "Proemio e carta al condestable de Portugal" califica como poesía ínfima la de "aquellos que sin orden, regla nin cuento facen estos romances e cantares de que las gentes de baja e servil condición se alegran", en cambio en la corte de Alfonso V de Aragón por las mismas fechas es estimado el poeta Carvajal, el primer autor que firmó romances, publicados en el *Cancionero de Stúñiga,* y un poco más tarde sube el romance al palacio de los Reyes Católicos y lo cultivan poetas que, como Gil Vicente y Juan del Encina, escribían obras teatrales para recreo de duques, príncipes y reyes. El Renacimiento se interesó por esta poesía tradicional y apreció sus bellezas a la par que se cultivaban las formas cultas italianas a través del siglo XVI y del XVII.

Al auge que adquirió el romance en el siglo XVI contribuyó la publicación del *Romancero de Amberes* (1547). El *Romancero nuevo* (1600–1604) y la comedia nueva son "la expresión de aquella sociedad española, su idealización, su caricatura", según dice D. José F. Montesinos. Grandes sonetistas y cultivadores de otras estrofas italianas como Lope de Vega, Góngora y Quevedo crean hermosísimos romances: pastoriles y moriscos así como también religiosos y satíricos. En el siglo XVIII, con los afanes neoclasicistas, el romance se vio postergado, aunque poetas como Meléndez Valdés lo escribieran; se compusieron romances vulgares. Con el Romanticismo adquirió nuevo vigor y mayor extensión: el duque de Rivas y Zorrilla explotaron la vena histórica y legendaria; Espronceda y más tarde Bécquer pulsaron la cuerda sentimental. En el siglo XX se vuelve a la brevedad y al lirismo.

Esto en cuanto a España. En América los siguen cultivando poetas como Alfonso Reyes, Eugenio Florit y Evaristo Ribera Chevremont, esto es, poetas cultos; pero también hay creaciones anónimas como, por ejemplo, las de los autores de corridos mejicanos.

A la difusión temporal va unida la espacial. Después de penetrar esta poesía popular o tradicional en la corte de los Reyes Católicos, vino el romance a América con los descubridores y los exploradores. Aún se conservan múltiples versiones en toda la América hispana y hasta en Nuevo Méjico. Los judíos españoles (sefarditas), al ser expulsados en 1492, se los llevaron consigo a los países en donde hallaron acogida: los Balkanes, Constantinopla, Marruecos. Los cantaron los tercios españoles que iban a Flandes y precisamente en Amberes se publicó el primer Romancero (1547). La publicación de otros Romanceros en España dio mayor impulso a la difusión que desde el siglo XV y principios del XVI habían llevado a cabo los pliegos sueltos.

Como se verá en esta selección, el romance se introdujo asimismo en la lírica religiosa, en el teatro, en la novela, en los juegos de niñas. Fueron muchos traducidos por extranjeros, como Byron, Robert Southey, Ticknor, o inspiraron a otros poetas, v.g. a Longfellow.

Dice don Ramón Menéndez Pidal, "el español de todos los tiempos que ha oído y leído más romances":

El romancero, extendido por todos los climas y los mares adonde se dilató el imperio hispánico, es la canción épico-lírica que recrea la imaginación de más pueblos, esparcidos por todas las partes del mundo, por el hemisferio boreal y austral. Es la canción que ha alcanzado más altura literaria, haciéndose digna de informar importantes ramas de la producción artística, tanto en la época clásica como en la moderna; nótese, por ejemplo, que Víctor Hugo imita romances españoles y no canciones narrativas francesas. El romancero, en fin, por su tradicionalismo, por la cantidad de vida histórica que representa y por multitud de reflejos estéticos y morales, es quintaesencia de características españolas.

He aquí por qué podemos repetir con verdad que España es el país del romancero. (*Flor nueva de romances viejos,* pág. 46)

Clasificación

Los críticos han adoptado diversos modos para clasificar los romances: en viejos y nuevos (los viejos son del siglo XV y primera mitad del XVI); por materia. Nosotros hemos preferido agrupar los romances anónimos en cuatro apartados:

Romances históricos y legendarios
Romances carolingios y romances artúricos o del ciclo bretón
Romances fronterizos y moriscos
Romances novelescos y líricos

Juglares

El cantar los hechos heroicos de los antepasados —que se alentaba en tiempo de San Isidro (570–636) y luego en época de Carlomagno (742–814)— se afirma en las *Partidas* de Alfonso X el Sabio (1221–1284), donde se disponía que los juglares dijeran cantares de gesta ante los caballeros porque así "les crecían los corazones y esforzábanse faciendo bien". Esta poesía épica de los juglares se resume en latín, como materia histórica, en las crónicas del Tudense y del Toledano (siglo XIII), y se recoge luego en castellano en la *Primera crónica general de España* (1289), mandada a componer por Alfonso X, y en otras crónicas.

Además de los juglares de gesta, esto es, de cantares de acciones heroicas, hubo juglares que se dedicaron a la poesía lírica y a la satírica. El juglar de la canción de gesta se convirtió en juglar de romances.

Los juglares se ganaban la vida cantando en público versos ajenos, y a veces propios, acompañándose, por lo general, de un instrumento de cuerda. Recreaban a los señores en banquetes y fiestas en sus castillos o en sus viajes; al pueblo, en mercados y plazas; a los soldados, en campamentos y en marchas militares. En las grandes ocasiones concurrían juglares de las tres religiones que convivían en España: cristianos, moros y judíos.

Iban de un lado a otro, viajando a pie o a caballo y siendo a menudo víctimas de robos por los caminos. Por su vida andariega en pos de públicos variados, eran aficionados los juglares a describir sus viajes y el itinerario que seguían. A veces se veían obligados a mezclar lenguas, como hicieron en los cantares franco-italianos en el norte de Italia.

Recibían como remuneración del público que les oía, no sólo dinero sino víveres y ropa; caballos y armas, de los señores; rentas y heredades, del rey. Muchos municipios tenían juglares asalariados.

En España los juglares primitivos cantaban venganzas, traiciones y luchas entre familias nobles —v.g. *Los siete infantes de Lara*— o historias de amor e infidelidad, pero después de la invasión de los almorávides en 1090 y el odio que despertaron estos nuevos invasores, cantaron la cruzada nacional, la Reconquista, cantera pródiga en poemas y romances.

Mas los juglares no divertían al auditorio sólo con música y literatura, sin con acrobatismo, juegos de manos y otras habilidades que quedan fuera de lo literario. Se distinguía el juglar del trovador en que éste, aunque cantase a veces en público, no lo hacía por oficio; sus versos, generalmente, los cantaban o recitaban los "juglares de boca". Los "juglares de péñola" escribían para que otros cantasen sus obras.

Procedimientos estilísticos

Aunque damos algunas ligeras indicaciones al comienzo de cada sección, no estará de más apuntar aquí procedimientos estilísticos que se repiten una y otra vez en los romances anónimos y en poetas conocidos, en cuanto a la acción y ritmo; al lirismo; a los protagonistas; y recursos varios.

La acción y ritmo

La acción, que es lo esencial en los romances viejos, es rápida y breve, debido, en primer término, a la poca descripción —cuando se describe se hace con parquedad de adjetivos y con muy contadas metáforas— y, en segundo lugar, al diálogo que, al alternarse con la narración, acelera el ritmo. Algunos romances suprimen completamente la parte narrativa y desarrollan la acción en interlocuciones que varían de dos a seis, con pocos versos de enlace o sin ellos. Resultan así romances de gran viveza y animación.

La acción se actualiza por medio de otros varios procedimientos: por el empleo del presente histórico, por el adverbio *ya* o por el demostrativo *he* (helo, heme), por el apóstrofe a los oyentes —*Viérades, Bien oiréis,* etc.,— reminiscencias de los cantares de gesta, que el juglar emplea para dar vida a la "representación" con las palabras que recita a su público.

Por lo general, el romance desarrolla una escena, una situación que comienza de modo súbito, *in medias res,* y que luego queda trunca, en una vaguedad misteriosa y poética. Otras veces, sin embargo, nos da antecedentes y desenlace de la intriga como si fuera una novelita completa. Así sucede en la versión sefardita de "El conde Arnaldos", en la que no se ha dejado nada a la imaginación del oyente. Ocurre lo contrario en los romances fragmentarios, de superior interés sin duda, como por ejemplo en los romances del mismo infante Arnaldos en la versión peninsular, en "Blanca niña", "Rosa fresca", "Morilla de un bel catar" y tantos más.

Los romances de estilo juglaresco son de acción muy extensa, con una serie de incidentes que los alargan a menudo en extremo ("El conde Dirlos" consta de 1366 versos). Los fronterizos se regodean en la descripción de las armas y los artísticos sobre temas moriscos se complacen igualmente en los detalles, que dan andadura lenta a los romances. Por consiguiente, son menos dinámicos que los viejos, algunos de éstos tan breves y esquemáticos que en cuarenta o sesenta versos concentran el dramatismo de que carecen con frecuencia los romances largos.

Como ya hemos apuntado, muchos romances comienzan *in medias res*. De un modo repentino nos sumergen en un conflicto, en el drama, "La derrota de Guadalete", v.g. Otros, sin embargo, principian por situar el escenario con detalles exactos sobre el tiempo en que se ha de desarrollar la acción —la hora, el día, el mes— o el lugar donde se halla el personaje —calzada, palacio, campo de batalla, ciudad. La precisión temporal la hallaremos siglos después en los corridos mejicanos y en poetas cultos modernos.

El lirismo

Al lirismo contribuyen, aparte del caudal poético que llevan las palabras en sí, el estribillo, la exclamación, el apóstrofe, la reiteración y el paralelismo.

El estribillo no se halla apenas en los romances antiguos pero los nuevos lo utilizan mucho, sobre todo, de cuatro en cuatro versos o de ocho en ocho. No hay medida fija para el estribillo, que puede ser de metro igual al del romance o diferente; ni la hay para su número de versos, que varía de uno a cinco; el romance sobre "La muerte del rey don Pedro I" ocupa cinco. El estribillo da variedad e intensidad lírica, como la da la exclamación. Sirve ésta, además, de enlace entre las interlocuciones o entre las situaciones del romance. Una interjección tan sencilla como "¡ay!" lleva implícita tal aflicción que el poeta no necesita de mucho más para comunicar de una manera impresionista el dolorido lirismo que es menester.

El apóstrofe —ya al protagonista ("Gerineldo, Gerineldo", "Rosa fresca, rosa fresca), ya a una ciudad ("Álora, la bien cercada"), o ya a la naturaleza ("Fonte frida, fonte frida","Río verde, río verde") — acentúa la nota lírica.

Pero aún más que el apóstrofe en sí, es la reiteración de estos vocativos lo que produce el efecto lírico. Tanto el apóstrofe como la reiteración sufren la influencia del canto. Quizás sea al reiteración la figura retórica que se emplea más a menudo en los romances (la anáfora es una repetición). Y esto nos lleva la paralelismo, que es una repetición parcial y que hallamos en las canciones líricas tradicionales. Todo el romance de la danza prima "¡Ay! un galán de esta villa" es un continuo e insistente paralelismo: "Cabello de oro tejía/ cabello de oro trenzaba" o "¡ay! venga la luz del día/ ¡ay! venga la luz del alba". Pero hay muchos romances que contienen versos paralelísticos —"errado lleva el camino/ errada lleva la guía"— para hacer hincapié en una situación.

Los protagonistas

A menudo se presenta el protagonista él mismo: en ocasiones empleando el pronombre *yo*: "Yo me iba mi madre/ a Villa Reale"; "Yo me era mora, Moraima/ morilla de un bel catar"; "Yo me estaba reposando" etc. Otras veces, suprimido el pronombre, cuenta el protagonista algo que le ha ocurrido: "Un sueño soñaba anoche" ("El enamorado y la Muerte"); "Mis arreos son las armas" es la historia de las penalidades que sufre un caballero. Algunos romances principian con un apóstrofe: "Oh Belerma, oh Belerma" dice Durandarte; y la infanta osada: "Gerineldo, Gerineldo/ paje del rey más querido". Cristóbal de Castillejo, al adaptar el romance antiguo "Tiempo es el caballero", substituye a éste con su propio nombre: "Tiempo es ya, Castillejo". Lo corriente, sin embargo, es que el juglar presente él mismo al protagonista, unas veces sin darle nombre: "De Francia partió la niña", de la cual sólo sabemos, y esto en los versos finales, que es hija del rey de Francia, y otras, nombrándolo: "A los pies de don Enrique/ yace muerto el rey don Pedro". Los personajes aparecen yendo de un sitio a otro, caminando o paseando o sentados a la mesa o en un trono, etc., etc.

Otros recursos

Se emplean otros recursos que dan donosura al romance: el diminutivo, gracioso, tierno o lleno de picardía; la enumeración artística, que contribuye al retrato del protagonista o a la creación del ambiente en que se mueve; la antítesis, que nos da una visión doble de la realidad; la aposición, que caracteriza en rasgos sucintos: así se nos muestran: "Rodrigo, el soberbio castellano"; "Álora, la bien cercada"; "Abenámar, Abenámar,/ moro de la morería"; "Hermosita, hermosita/ la de las manos de plata", y así *ad infinitum*.

Guión

Para facilitar la comprensión de los textos apuntamos algunas ligeras indicaciones en cuatro apartados:

Arcaísmos

1. Los demostrativos *aqueste, aquese, aquesta, aquesa* y sus plurales, y *aqueso* = *esto, eso*, etc.; el adverbio *agora* = *ahora; dende* = *desde; mesmo* = *mismo; priesa* = *prisa; monacillos* = *monaguillos; vía* = *veía; quitar* = *eximir, libertar.*
2. Los verbos que aparecen con frecuencia en los romances en sus formas o en sus usos arcaicos son:
   a) *esto* = *estoy*; *so* = *soy*; *sodes* = *sois*; *vide* = *vi*; *vido* = *vio*; *hobo* = *hubo*; *verná* = *vendrá*
   b) Muchas formas tienen una *s* que se ha perdido: *distes* = *diste*; *guardastes* = *guardaste*; *parescía* = *parecía*
   c) La *r* de los infinitivos se asimila a la *l* de los pronombres enclíticos: *velle* = *verle*
   d) Aparece *haber* por *tener*: *haber marido*; y *ser* por *estar* o *haber*; *son llenas* por *están llenas*; *es ido* por *ha ido*
   e) *Viérades* por *vierais*; así se apostrofa a los oyentes, como hacían los cantares de gesta, y se actualiza la escena
3. Los tiempos se mezclan y confunden:
   a) El imperfecto de indicativo se emplea con el presente: "*altos son y relucían,*" a veces porque lo requiere la asonancia
   b) El imperfecto de subjuntivo se usa en vez del pretérito de indicativo: *hablara* en vez de *habló*
   c) El condicional se usa a veces en lugar del futuro: *diría* en vez de *diré*

4. La metátesis se usa a menudo: *perlada* por *prelada, daldas* por *dadlas,* etc.
5. Se emplea la *f* en lugar de la *h*: *fazer, fuir, fasta.*
6. Hay usos arcaicos como:
   a) Anteponer el posesivo apocopado al vocativo: *mi camarera* en vez de *camarera mía*
   b) Emplear el artículo definido con el posesivo: *la mi madre*
   c) Convertir la *r* final del infinitivo en *l* ante la *l* inicial del pronombre enclítico: *hacello* por hacerlo

La apócope

Por lo regular el apóstrofo significa la omisión de una *e*: *d'una, qu'esclarecía, t'hagan.* Mas en *n'ella* la *e* se suplirá antes de la *n*. *Allén* por *allende; hi* por *hijo.*

La aféresis

Se suprime la sílaba *en* de *enhorabuena* y se dice *norabuena*; *ora* por *ahora.* Esta supresión de letras al comienzo de una palabra se llama aféresis.

Significado de algunas palabras

al = otra cosa
allegar = acercar una cosa o una persona a otra
allí = a veces significa *entonces*
ardid = astuto; valiente
bel catar = buen ver
conhortar = consolar
¿cúyo? = ¿de quién?
demandar = preguntar
detardar = tardar
emperante = emperador
entender = ocuparse
escura = oscura
lición = lección
luego = pronto
luengo = largo
mancilla = compasión y desdoro
planto = llanto, lamento
recordar = despertar
servir (a una dama) = cortejarla
si = a veces significa *así*
trujo = trajo
vegada = vez

Abreviaturas

a. de J.C.	antes de Jesucristo
ant.	anticuado o antiguo
arc.	arcaico
cap.	capítulo
d. de J.C.	después de Jesucristo
ed.	edición, editado
f.	femenino
fr.	francés
introd.	introducción
lat.	latín
lit.	literario
m.	masculino
m.	murió
ms.	manuscrito
pág.	página
poét.	poético
pop.	popular
s.	siglo
Sta.	santa
V.	véase
v.g.	(verbi gratia) verbigracia, por ejemplo
vulg.	vulgarismo
>	da

Romances históricos y legendarios

O sea, romances heroicos: son los más antiguos y los más abundantes. Tienen su origen, como queda dicho, en los cantares de gesta que cantaban los juglares por campamentos, castillos y plazas desde el siglo XII, o en las *Crónicas* que prosificaron esos cantares. Desde fines del siglo XIV poetas anónimos comenzaron a crear el Romancero, pero es en el siglo XV cuando toma mayor auge y los juglares se dedican a cantar romances. Al popularizarse éstos, se fueron tradicionalizando porque el pueblo los asimiló; a menudo en el proceso de esquematización quedaron los romances en su más pura esencia poética.

Tratan estos romances de las hazañas de personajes históricos —el rey don Rodrigo, el conde Fernán González, los siete Infantes de Lara, el Cid Campeador— y de personajes legendarios como Bernardo del Carpio.

Estos romances primitivos se distinguen por su concisión y por su sobriedad, v.g. en la escasez de adjetivos. Presentan un fragmento, un episodio, en forma épico-narrativa, que se actualiza con el diálogo, o por lo menos con interlocuciones que varían de dos a seis y que a menudo carecen de versos que las enlacen. Contienen descripciones parcas y no como las de los romances *juglarescos,* compuestos por poetas de profesión que al narrar emplean gran prolijidad de detalles, sobre todo en los romances de temas carolingios. La concisión, rasgo típico al que ha contribuido la tradición oral, da energía y el tono épico que caracteriza a los romances viejos de tipo heroico. Los juglarescos se propagaban por escrito.

Los romances de tema histórico nacional son los que se derivan, no de textos históricos o poéticos, sino de los sucesos mismos. En este casillero entran:

1. los romances dedicados a don Pedro el Cruel y a otros reyes y príncipes, como el príncipe don Juan, hijo de los Reyes Católicos, muerto en 1497 a los diecinueve años de edad
2. los romances fronterizos

Los romances sobre don Pedro I (el Cruel o el Justiciero) tratan del asesinato de su hermano don Fadrique, de la muerte de su esposa doña Blanca a quien había abandonado el rey por doña María de Padilla, de las profecías que le hacen al rey sobre la pérdida de su corona y de su vida y, finalmente, la muerte de don Pedro en Montiel a manos de su hermano bastardo don Enrique de Trastámara. Si las crónicas y los romances acentúan las tintas negras al pintar sus crueldades, en cambio el teatro del Siglo de Oro y los románticos le reivindican como justiciero. La acción de estos romances se sitúa entre 1358 y 1369. El rey reinó de 1350 a 1369.

Aunque los romances fronterizos son históricos, preferimos darlos en la sección en que incluimos los moriscos.

La derrota del Guadalete

Las huestes de don Rodrigo[1]
desmayaban y huían
cuando en la octava batalla
sus enemigos vencían.
5 Rodrigo deja sus tiendas
y del real se salía;[2]
solo va el desventurado,
que no lleva compañía.
El caballo, de cansado,
10 ya mudar no se podía;
camina por donde quiere,
que no le estorba la vía.[3]
El rey va tan desmayado
que sentido no tenía;
15 muerto va de sed y hambre

---

[1] **Las . . . don Rodrigo:** las tropas, el ejército de don Rodrigo. Este fue el último rey godo de España; se enamoró, según la leyenda, de Florinda la Cava ("Alacaba" se la llamó, que significa belleza que se marchita), hermosa joven que fue a pasar una temporada en su palacio de Toledo. Al verla bañándose en el río Tajo el rey perdió la cabeza y la sedujo. Florinda comunicó su deshonra a su padre, el conde don Julián alcaide de Ceuta, fortaleza en el sur de España. El conde, para vengar a su hija, abrió las puertas a los moros, que invadieron la península, en 709, capitaneados por Tarik. Rodrigo fue vencido en 711 en la batalla de Guadalete, llamada así por el río junto al cual se luchó. Este río desemboca en Cádiz. Rodrigo murió en 713. El romance tiene su origen en una novela de Pedro del Corral, la *Crónica sarracina,* 1430. Inspira "La profecía del Tajo" de fray Luis de León y a otros escritores españoles, y a extranjeros como Robert Southey, Sir Walter Scott y Washington Irving.

[2] **y del . . . salía:** Nótese el uso del imperfecto en lugar del pretérito; es característica del romance la confusión de los tiempos verbales. Nótese el cambio al presente; el empleo del presente histórico da más vitalidad a la situación dramática; **real:** sitio en que se halla la tienda del rey; también sitio donde acampa un ejército.

[3] **que . . . vía:** sin que Rodrigo le desvíe del camino que el caballo quiere seguir.

que de velle era mancilla;[4]
iba tan tinto de sangre[5]
que una brasa parecía.
Las armas lleva abolladas,
20 que eran de gran pedrería;
la espada lleva hecha sierra
de los golpes que tenía;
el almete,[6] de abollado,
en la cabeza se hundía;
25 la cara llevaba hinchada
del trabajo que sufría.
Subiose encima de un cerro,
el más alto que veía,
dende[7] allí mira su gente
30 cómo iba de vencida;
de allí mira sus banderas
y estandartes que tenía,
cómo están todos pisados,
que la tierra los cubría;
35 mira por los capitanes,
que ninguno parescía;
mira el campo tinto en sangre
la cual arroyos corría.[8]
El triste, de ver aquesto,
40 gran mancilla en sí tenía;
llorando de los sus ojos
de esta manera decía:
—Ayer era rey de España,[9]

---

[4] **que . . . mancilla:** daba compasión verle; (velle: verle); *mancilla* (ant.) significa hoy mancha, descrédito en la honra o virtud.

[5] **tinto de sangre:** como *armas abolladas* (que tiene abolladuras o sea concavidades, irregularidades en la superficie de una pieza que resultan de los golpes que recibe) y *llorando de sus ojos*; son expresiones poéticas que se hallan frecuentemente en la poesía épica; *tinto* es el participio irregular de *teñir*, dar a una cosa (telas, pelo, etc.) un color diferente de su color natural.

[6] **almete:** casco, yelmo.

[7] **dende:** desde; como *aquesto* y *aquéste* (esto y éste) más abajo, es forma antigua.

[8] **sangre . . . corría:** la sangre corría en arroyos, en abundancia.

[9] **rey de España:** Maese Pedro en el cap. XXVI de la segunda parte del *Quijote* cita tres versos del romance: "Ayer fui señor de España . . . / y hoy no tengo una almena/ que pueda decir que es mía."

hoy no lo soy de una villa;[10]
45 ayer villas y castillos,
hoy ninguno poseía;
ayer tenía criados,
hoy ninguno me servía;
hoy no tengo una almena
50 que pueda decir que es mía.
¡Desdichada fue la hora,
desdichado fue aquel día
en que nací y heredé
la tan grande señoría,[11]
55 pues lo había de perder
todo junto y en un día![12]
¡Oh muerte![13] ¿Por qué no vienes
y llevas esta alma mía
de aqueste cuerpo mezquino,[14]
60 pues se te agradecería?

La penitencia del rey Rodrigo

Después que el rey don Rodrigo
a España perdido había,[1]
íbase desesperado
huyendo de su desdicha;
5 solo va el desventurado,

---

10 **villa:** pueblo, ciudad; el recordar la riqueza pasada en medio de la pobreza y el dolor presentes es un tema clásico. En varios romances hallaremos otras manifestaciones del dolor de vencido. Fijémonos en el empleo del contraste.

11 **señoría:** señorío, poder, dominio.

12 **y en un día!:** las formas exclamativas, así como las preguntas retóricas, son recursos líricos que se emplean mucho en los romances.

13 **¡Oh muerte!:** la increpación (el dirigirse) a la muerte es uno de los recursos estilísticos de la poesía medieval.

14 **de . . . mezquino:** de este pobre cuerpo mío.

1 **perdido había:** había perdido a España. En la descripción de los cinco versos siguientes el juglar trata de despertar la compasión del auditorio por el rey vencido. Este romance juglaresco del siglo XV se da a veces dividido en dos con algunas variantes.

no quiere otra compañía
que la del mal de la Muerte
que en su seguimiento iba.[2]
Métese por las montañas,
10 las más espesas que veía.
Topado ha[3] con un pastor
que su ganado traía;
díjole: "Dime, buen hombre,
lo que preguntar quería:
15 si hay por aquí monasterio
o gente de clerecía."[4]

El pastor respondió luego
que en balde lo buscaría,
porque en todo aquel desierto
20 sola una ermita había
donde estaba un ermitaño
que hacía muy santa vida.
El rey fue alegre desto[5]
por allí acabar su vida;
25 pidió al hombre que le diese
de comer si algo tenía,
que las fuerzas de su cuerpo
del todo desfallecían.

El pastor sacó un zurrón[6]
30 en donde su pan traía;
diole de él y de un tasajo[7]
que acaso allí echado había;
el pan era muy moreno,
al rey muy mal le sabía;
35 las lágrimas se le salen,
detener no las podía,
acordándose de su tiempo
los manjares que comía.

---

[2] **que . . . iba:** que lo seguía.
[3] **Topado ha:** ha topado (encontrado).
[4] **gente de clerecía:** gente de iglesia.
[5] **desto:** de esto.
[6] **zurrón:** bolsa de cuero para la comida.
[7] **tasajo:** carne salada secada al aire.

Después que hubo descansado
40 por la ermita le pedía;[8]
el pastor le enseñó luego
por donde no erraría;
el rey le dio una cadena
y un anillo que traía;
45 joyas son de gran valor
que el rey en mucho tenía.[9]
Comenzando a caminar
ya cerca el sol se ponía,
a la ermita hubo llegado
50 en muy alta serranía.[10]
Encontrose al ermitaño,
más de cien años tenía.
—El desdichado Rodrigo
yo soy, que rey ser solía,[11]
55 el que por yerros de amor[12]
tiene su alma perdida,
por cuyos negros pecados
toda España es destruída.
Por Dios te ruego, ermitaño,
60 por Dios y Santa María,
que me oigas en confesión
porque finar me quería.[13]—
El ermitaño se espanta[14]
y con lágrimas decía:
65 —Confesar, confesarete,[15]
absolverte no podía.—
Estando en estas razones[16]
voz de los cielos se oía:
—Absuélvelo, confesor,

---

[8] **le pedía:** le preguntó.
[9] **en mucho tenía:** estimaba.
[10] **serranía:** cadena de montañas.
[11] **que rey ser solía:** que solía ser rey.
[12] **yerros de amor:** la seducción de Florinda la Cava.
[13] **porque . . . quería:** porque querría morirme.
[14] **se espanta:** se asombra.
[15] **confesarete:** sí te confesaré.
[16] **estando . . . razones:** en esta conversación.

70 absuélvelo por tu vida
y dale la penitencia
en su sepultura misma.—
Según la fue revelado
por obra el rey lo ponía.[17]
75 Metiose en la sepultura
que a par de[18] la ermita había;
dentro duerme una culebra,
mirarla espanto ponía:
tres roscas daba a la tumba,
80 siete cabezas tenía.[19]
—Ruega por mí, el ermitaño,
porque acabe bien mi vida.—
El ermitaño lo esfuerza,[20]
con la losa lo cubría,
85 rogaba a Dios a su lado
todas las horas del día.
—¿Cómo te va, penitente,
con tu fuerte compañía?—
—Ya me come, ya me come
90 por do más pecado había,[21]
en derecho al corazón,
fuente de mi gran desdicha.—
Las campanicas del cielo
sones hacen de alegría;
95 las campanas de la tierra

---

17 **por . . . ponía:** así lo hizo.

18 **a par de:** junto a. Entra aquí el elemento sobrenatural.

19 **tres . . . tenía:** Aparece aquí lo extraordinario: la serpiente que da tres vueltas a la tumba tiene siete cabezas; en la leyenda decía dos. El número siete es mágico.

20 **lo esfuerza:** lo alienta.

21 **ya . . . había:** La culebra me come por donde (do) había pecado más; *do* es anticuado; hoy se usa sólo en poesía y poco. En el cap. XXXIII de la Parte II del *Quijote* dice Sancho Panza: "y de entre los brocados, pasatiempos y riquezas sacaron a Rodrigo para ser comido de culebras, si es que las trovas de los romances antiguos no mienten." . . . "Y cómo que no mienten . . . dijo a esta sazón doña Rodríguez, la dueña, que era una de las escuchantes . . . que un romance hay que dice que metieron al rey Rodrigo, vivo vivo, en una tumba de sapos, culebras y lagartos, y que de allí a dos días dijo el rey desde dentro de la tumba, con voz doliente y baja: Ya me comen, ya me comen/ por do más pecado había."

ellas solas se tañían;[22]
el alma del penitente
para los cielos subía.[23]

BERNARDO NIEGA EL CARPIO[1] AL REY

Las cartas y mensajeros
del rey a Bernardo van,

22 **se tañían:** (de tañer, hacer sonar una campana); sonaban solas, sin que nadie las tocase o tañese.

23 Nótese el diminutivo y el tono lírico de los dos primeros versos; el misterio, en el tercero y cuarto; y el milagro que se opera en el quinto y sexto: el alma del rey arrepentido sube a los cielos. La penitencia y el arrepentimiento le consiguen la absolución, y así queda satisfecha la preocupación moral y religiosa del auditorio.

1 **Carpio:** castillo, cerca de Salamanca.

La leyenda de Bernardo del Carpio nació, según Ramón d'Abadal, "de una necesidad moral y patriótica como una reacción contra las legendarias pretensiones francesas de la conquista total de España por Carlomagno". La leyenda española se inspira en la leyenda francesa de los amores secretos de Berta, hermana de Carlomagno y madre de Roland, con la consiguiente ira del emperador, destierro de los amantes y perdón final. En la leyenda española se supone a Berta, hermana de Carlomagno, casada con Alfonso II el Casto de León, y a Bernardo, hijo ilegítimo de Berta. Carlomagno exige vasallaje a Alfonso, a lo que se opone Bernardo que, aliado con el rey moro de Zaragoza (Marsil) ataca la retaguardia francesa y la destruye en Roncesvalles. Carlomagno honra finalmente a su sobrino Bernardo a quien se lleva a Francia donde guerrea éste, al lado de su tío, contra los enemigos del emperador. Esta es la leyenda del Bernardo carolingio.

Según la leyenda del Bernardo alfonsí, la madre del héroe es Jimena, hermana de Alfonso el Casto, que tiene amores secretos con don Sancho Díaz, conde de Saldaña. Alfonso castiga a su hermana, encerrándola en un convento, y al conde lo manda a un castillo donde jura tenerlo prisionero toda su vida. El rey Alfonso el Casto cría a su sobrino y lo quiere como a un hijo. Mas Bernardo, al ver que Alfonso está dispuesto a rendir vasallaje a Carlomagno, se opone con otros caballeros y en la batalla de Roncesvalles ataca la vanguardia, y no la retaguardia como en otras versiones, del ejército francés mandada por Roldán. Asisten a Bernardo su tío Alfonso y el rey moro de Zaragoza, cuyo nombre es ahora Muza y no Marsil. Bernardo, al descubrir que D. Sancho Díaz, su padre, está preso, pide al rey su libertad pero éste se la niega. Como las sucesivas peticiones fracasan, construye Bernardo el castillo del Carpio y en plena rebeldía ataca al rey. Sólo cuando los moros invaden el reino interrumpe sus ataques y se pone al lado de Alfonso para combatir al enemigo. Finalmente el rey quebranta el juramento de tener preso al conde por vida y le da la libertad, pero Bernardo halla a su padre muerto.

que vaya luego[2] a las cortes
para con él negociar.
5 Bernardo, como es discreto,
mal recelado se ha,[3]
las cartas echó en el fuego,
los suyos mandó juntar:
—Cuatrocientos sois, los míos,[4]
10 los que coméis el mi pan,
nunca fuistes repartidos,

En el siglo XIII funde un juglar estos dos cantares —el del Bernardo carolingio y el alfonsí— y esta fusión, además de las versiones en latín de los historiadores el Tudense y el Toledano, es la que adopta la *Crónica general* de Alfonso X, 1289. En la versión de la *Crónica* la madre de Bernardo es doña Timbor, hermana de Carlomagno, que, yendo en romería a Santiago de Compostela, tiene amores con el conde de Saldaña. Al rebelarse Bernardo, el rey Alfonso de León propone dar la libertad al conde a cambio del castillo del Carpio. Bernardo acepta pero recibe no a su padre vivo sino su cadáver. Entonces va a Francia y por fin vuelve a España a luchar contra los moros.

Como ya hemos dicho, la *Crónica,* además de servirse de los textos en latín, se sirve de textos poéticos (en castellano por supuesto). Esta versión de la *Crónica* es la que se perpetúa y de la cual nacen los romances. Sin embargo el romance "Con cartas y mensajeros" es el único que se inspira directamente en el cantar de gesta perdido.

Pero hay una leyenda del personaje Bernardo que tiene base histórica. El conde Ramón, primer conde independiente de Pallars y Ribagorza, reinó hasta 920. Al morir dejó cinco hijos; el segundo, Bernat, fue conde de Ribagorza. A fines del siglo XI aparece de este personaje histórico una versión legendaria según la cual era pariente de Carlomagno y entró en España por orden del emperador para liberar de los moros las regiones de Pallars, Ribagorza y Sobrabe. El tema de Bernardo de Ribagorza (o de la Reconquista) se incorpora al tema del conde de Saldaña y da nombre al héroe leonés. Los juglares hacen de ambos —Bernardo de Ribagorza y el hijo del conde Saldaña— un solo personaje. El cantar de fuente histórica sobre el conde Bernardo de Ribagorza y el cantar del conde de Saldaña —cantares hoy perdidos— "son núcleos primitivos y enteramente independientes", según Ramón d'Abadal. Opina este crítico que con estos dos cantares, con leyendas épicas francesas y con fuentes históricas francas, se confeccionó la primera leyenda de Bernardo del Carpio en Roncesvalles, leyenda que nació en la segunda mitad del siglo XII como "invención sistemática de letrados".

Bernardo inspiró casi cincuenta romances eruditos y artísticos; el que damos es el único primitivo. De él dice don Ramón Menéndez Pidal: "Este brioso fragmento épico es el único resto que nos ha quedado de los antiguos cantares de gesta de los siglos XIII y XIV." Inspiró también el poema épico "el Bernardo o la Victoria de Roncesvalles" (1624) de Bernardo de Balbuena; comedias (de Juan de la Cueva, dos de Lope de Vega, etc.), un libro de caballerías, poesías y una novela.

[2] **luego:** pronto, sin demora.

[3] **recelado se ha:** ha recelado, ha desconfiado.

[4] **los míos:** En este parlamento, de gran sabor épico, Bernardo hace la división de sus hombres. En los dos versos finales ("si mala . . . tornar = si mal me hablase, peor le hablaré") muestra ya su arrogancia y altanería.

agora os repartirán:
en el Carpio quedan ciento
para el castillo guardar;
15 los ciento por los caminos,
que a nadie dejéis pasar;
doscientos iréis conmigo
para con el rey hablar;
si mala me la dijere,
20 peor se la he de tornar.—
Con esto luego se parte
y comienza a caminar;
por sus jornadas contadas
a la corte fue a llegar.
25 De los doscientos que lleva[5]
los ciento mandó quedar
para que tengan segura
la puerta de la ciudad;
con los ciento que le quedan
30 se va al palacio real:
cincuenta deja a la puerta
que a nadie dejen pasar,
treinta deja a la escalera
para el subir y el bajar,
35 con solamente los veinte
a hablar con el rey se va.
A la entrada de una sala
con él se vino a topar;[6]
allí le pidió la mano,[7]
40 mas no se la quiso dar.
—Dios vos mantenga, buen rey,
y a los que con vos están.
—Bernardo, mal seas venido,
traidor hijo de otro tal;[8]
45 dite yo el Carpio en tenencia,

---

[5] **doscientos que lleva:** Nótese la precisión con que distribuye Bernardo a sus soldados.
[6] **con él . . . topar:** con él (el rey) llegó a encontrarse.
[7] **le pidió la mano:** al rey, para besársela.
[8] **hijo de otro tal:** hijo de otro traidor.

tú tómaslo en heredad.[9]
—Mentides,[10] buen rey, mentides,
que no decides verdad,
que nunca yo fui traidor,
50 ni en mi linaje lo hay.
Acordársevos debiera[11]
de aquella del Encinal,[12]
cuando gentes enemigas
allí os trataron tan mal,
55 que os mataron el caballo,[13]
y aun a vos querían matar;
Bernardo como traidor
el suyo vos fuera a dar;
con una lanza y adarga[14]
60 de entre ellos os fue a sacar.
El Carpio entonces me distes[15]
por juro[16] y por heredad;
prometísteme a mi padre,[17]
no me guardastes verdad.
65 —Prendedlo, mis caballeros,
que atrevido se me ha.[18]
Todos le estaban mirando,
nadie se le osa llegar.[19]
Revolviendo el manto al brazo
70 la espada fuera a sacar.[20]
—¡Aquí, aquí, los mis doscientos,

---

9 **dite . . . heredad:** te lo di para que lo ocuparas, para que lo gobernaras y tú te apoderaste de él, como si lo hubieras heredado.

10 **Mentides:** como *decides, comedes* por mentís, decís, coméis, son formas antiguas, fáciles de reconocer por el estudiante.

11 **Acordársevos debiera:** se os debiera acordar, os debierais de acordar.

12 **de . . . Encinal:** de aquella (batalla) del Encinal.

13 **el caballo:** Aparece aquí el tema del caballo; Bernardo le había salvado la vida al rey dándole su caballo.

14 **adarga:** escudo de cuero en forma de corazón u ovalado.

15 **distes:** diste, se dice hoy.

16 **juro:** derecho perpetuo de propiedad.

17 **a mi padre:** me prometiste la libertad de mi padre.

18 **que . . . me ha:** que me ha faltado al respeto, que se me ha insolentado. El decir "mentís" era, y sigue siendo, una ofensa.

19 **nadie . . . llegar:** nadie se atreve a acercársele.

20 **fuera a sacar:** sacó la espada.

los que comedes mi pan,
que hoy era venido el día[21]
que honra habedes de ganar!—
75 El rey, como aquesto vido,
procurole de amansar:[22]
—Malas mañas has, sobrino,
no las puedes olvidar;
lo que hombre[23] te dice en burla
80 de veras vas a tomar.
Yo te do[24] el Carpio, Bernardo,
por juro y por heredad.
—Aquesas burlas, el rey,
no son burlas de burlar.
85 El castillo está por mí,[25]
nadie me lo puede dar;
quien quitármelo quisiere
yo se lo sabré vedar.[26]

---

21 **hoy . . . día:** hoy ha llegado el día, el momento.

22 **El rey, como aquesto vido, procurole de amansar:** el rey cuando vio esto, trató de calmarle. Con frecuencia los señores feudales eran tan poderosos como el rey y éste se veía obligado a ceder.

23 **hombre:** uno, una persona.

24 **do:** doy. Nótese cómo trata el rey ahora a Bernardo y el orgullo de éste en las palabras que siguen.

25 **está por mí:** es mío.

26 **se lo sabré vedar:** sabré impedírselo.

El vado[1] de Carrión[2]

Castellanos y leoneses
tienen grandes divisiones,
el conde Fernán González[3]
y el buen rey don Sancho Ordóñez,[4]
5 sobre el partir de las tierras[5]

---

[1] **vado:** lugar por el que se puede atravesar un río.

[2] **Carrión:** valle en el límite entre Castilla y León.

[3] **Fernán González:** (muerto en 970) personaje histórico, de gran valor guerrero, que declaró independiente a Castilla del reino de León. Fue su valentía lo que exaltaron los cronistas y los cantares de gesta que a veces le atribuyen hazañas realizadas por otros caudillos, sin ninguna necesidad pues las victorias que obtuvo sobre moros y cristianos (sobre el califa de Córdoba, sobre el rey de Navarra, etc.) bastaban para demostrar su heroísmo. Fernán González tenía un profundo sentimiento religioso y una gran habilidad política. Manifestó aquél en la fundación de monasterios, entre ellos el de Silos, y en la protección que les dispensaba; los monjes, no sólo cultivaban la tierra y mantenían una tradición literaria copiando antiguos manuscritos, sino que alentaban el heroísmo en los soldados que iban a combatir al infiel. Como político, luchó contra el rey de León, sufrió prisión y confiscación de bienes pero logró defender a Castilla de la absorción leonesa, la libertó de las leyes del *Fuero Juzgo* (compilación de leyes por las que se gobernaba el reino de León), la unificó y le dio un sello democrático. Fue nombrado conde de Castilla en 931 por el rey leonés Ramiro II. La fórmula que empleaba Fernán González en los diplomas —"Fernando, conde por la gracia de Dios"— es un indicio de que el conde actuaba en Castilla como si fuera su rey. En su larga rebeldía contra León, el pueblo castellano veía en el conde su paladín y estuvo a su lado casi medio siglo. Como dice su biógrafo, fray Justo Pérez de Urgel, el prestigio de que gozaba Fernán González entre los castellanos se debía a que "era el hombre providencial, el que los había libertado de las enrevesadas leyes del *Fuero Juzgo,* el que había acabado con aquella enojosa obligación de ir a defender sus intereses y sus derechos en Oviedo o en León, el que los protegía audaz e incorruptible en las horas duras de las "razzias" musulmanas, el que perdonaba pechos y daba libertades y hacía caballeros de los villanos, y, de los caballeros, infanzones."

Berceo, en su poema *Vida de San Millán,* presenta al conde como protector del monasterio de Arlanza, donde está enterrado. En el *Poema de Fernán González* (siglo XIII) se confunden la historia y la leyenda, como ocurre luego en el Romancero.

[4] **Sancho Ordóñez:** Sancho I, rey de León (956–965), apodado *el Craso* por su obesidad extrema, de la que le curan en el reino musulmán de Córdoba.

[5] **tierras:** En este romance la causa de la discordia entre el rey y su vasallo es "sobre el partir de las tierras", verso que dice don R. Menéndez Pidal que "se debe a un confuso recuerdo del cantar." Según una canción de gesta perdida —en la que se inspira este romance— la autonomía de Castilla se debe a la imposibilidad en que se ve Sancho Ordóñez de pagar la deuda contraída con Fernán González. Le había vendido el conde

y el poner de los mojones;[6]
echan mano a las espadas,
derriban ricos mantones;[7]
no les pueden poner treguas[8]
10 cuantos en la corte son;
pónensela dos hermanos;
aquesos benditos monjes
pónenlas[9] por quince días,
que no pueden por más, non,[10]
15 que se vayan a los prados
que dicen de Carrión.
Si mucho madruga el rey,
el conde no dormía, no.[11]
El conde partió de Burgos,
20 el rey partió de León;
venidos se han a juntar
al vado de Carrión,
y a la pasada del río
movieron una quistión:[12]
25 los del rey, que pasarían,
y los del conde, que no.
El rey, como era risueño,

---

un caballo y un azor que el rey, que no había querido aceptarlos como regalo, se compromete a pagar en un plazo fijo. Si así no lo hace, se duplicará el precio cada día de retraso. Cuando el rey obliga al conde a asistir a cortes, se excusa éste de no haberlo hecho durante dos años porque no se le ha pagado la deuda. Al fin el rey trata de pagársela, pero la cuenta es ya tan alta que ni con todo su reino podría pagarla; entonces concede la autonomía a Castilla, para pagar así la cuenta. Es histórico que hubo una pelea en 943 entre Fernán González y el rey Ramiro de León, que le hizo prisionero. Se supone que Fernán González se negaba a presentarse en la corte leonesa.

[6] **mojones:** piedras o postes que indican los límites de una propiedad.

[7] **mantones:** capas.

[8] **no les . . . treguas:** no les pueden obligar a cesar las hostilidades por un tiempo. Por lo general era la Iglesia la que concertaba una tregua.

[9] **pónenlas:** las treguas que imponían los monjes, no los cortesanos.

[10] **non:** no. Aquí comienza el cambio de la asonancia de *o-e* a *o*; luego cambiará a *a-o* y al final volverá a *o*.

[11] **el conde . . . no:** El juglar anónimo emplea mucho el contraste y el paralelismo en este romance: contraste de armas, vestidos, caballerías, número de combatientes, etc. Señalemos que los hombres de Fernán González van preparados para la guerra; el rey, en cambio, va vestido como cortesano, con gorro de fiesta, guantes perfumados, etc.

[12] **quistión:** cuestión, disputa.

la su mula revolvió;
el conde, con lozanía,
30 el caballo arremetió;
con el agua y el arena
al buen rey ensalpicó.
Allí hablara el buen rey,
su gesto muy demudado:
35 —¡Cómo sois soberbio, el conde!
¡Cómo sois desmesurado!
Si no fuera por las treguas
que los monjes nos han dado,
la cabeza de los hombros
40 ya vos la hubiera quitado;
con la sangre que os sacara
yo tiñera aqueste vado.
El conde le respondiera
como aquel que era osado:
45 —Eso que decís, buen rey,
véolo mal aliñado:[13]
vos venís en gruesa mula,
yo en ligero caballo;
vos traéis sayo de seda,
50 yo traigo un arnés tranzado;[14]
vos traéis alfanje[15] de oro,
yo traigo lanza en mi mano;
vos traéis cetro de rey,
yo un venablo[16] acerado;
55 vos con guantes olorosos,
yo con los de acero claro;
vos traéis gorra de fiesta,
yo traigo casco afinado;
vos traéis ciento de a mula,

---

[13] **mal aliñado:** difícil.
[14] **arnés tranzado:** armadura que, por estar compuesta de diversas piezas pequeñas, facilitaba los movimientos del que la llevaba.
[15] **alfanje:** espada curva de tipo oriental, cimitarra.
[16] **venablo:** lanza corta para arrojar.

60 yo trescientos de a caballo.
Ellos en aquesto estando,
los frailes allí han llegado.
—¡Tate,[17] tate, caballeros!
¡Tate, tate, hijosdalgo!
65 ¡Cuán mal cumplisteis las treguas
que nos habíades mandado![18]
Allí hablara el buen rey:
—Yo las cumpliré de grado.
Pero respondiera el conde:
70 —Yo de pies puesto en el campo.
Cuando vido aquesto el rey,
no quiso pasar el vado;
vuélvese para sus tierras;
malamente va enojado,
75 grandes bascas[19] va haciendo,
reciamente va jurando
que había de matar al conde
y destruir su condado.
Mandó, pues, llamar a cortes;
80 por los grandes ha enviado;
todos ellos son venidos,[20]
sólo el conde ha faltado.
Mensajero se le hace
a que cumpla su mandado;
85 el mensajero que fue
de esta suerte le ha hablado:

---

17 **Tate:** interjección equivalente a: detente, deteneos.
18 **mandado:** concedido.
19 **bascas:** náuseas; aquí, demostraciones de rabia e ira.
20 **son venidos:** han venido.

Mensaje del rey al conde Fernán González[1]

—Buen conde Fernán González,
el rey envía por vos,
que vayades a las cortes
que se hacían en León;
5 que si vos allá vais, conde,
daros han[2] buen galardón,
daros han a Palenzuela
y a Palencia la mayor;
daros han las Nueve Villas,
10 con ellas a Carrión;
daros han a Torquemada,
la Torre de Mormojón.
Buen conde, si allá non ides,[3]
daros hían por traidor,[4]
15 Allí respondiera el conde
y dijera esta razón:
—Mensajero eres, amigo,[5]
no mereces culpa, no.
Yo no tengo miedo al rey,
20 nin a cuantos con él son.
Villas y castillos tengo,
todos a mi mandar son;

---

1 Suele darse este romance como parte del anterior, aunque es otro romance. Nótese que hay dos interlocuciones unidas por dos versos. Igual procedimiento siguen otros romances —con versos de enlace o sin ellos— y con mayor número de discursos directos.

2 **daros han:** os darán.

3 **non ides:** no vais.

4 **daros hían por traidor:** os darían por traidor (os considerarían traidor).

5 **Mensajero eres, amigo:** Este verso y el siguiente son muy conocidos y muy citados aún hoy. Se hallan también en un romance de Bernardo del Carpio y lo cita Sancho (*Quijote,* Parte II, cap. X) en su monólogo cuando va enviado por su amo a pedirle a Dulcinea que se deje ver y servir de "su cautivo caballero". El parlamento del conde muestra, aparte de su soberbia, el modo cómo trata a sus vasallos y cómo le corresponden éstos.

de ellos me dejó mi padre,
de ellos me ganara yo;
25 los que me dejó mi padre
poblelos de ricos hombres;[6]
los que yo me hube ganado
poblelos de labradores;
quien no tenía más de un buey,
30 dábale otro, que eran dos;
al que casaba su hija
doile yo muy rico don;
cada día que amanece
por mí hacen oración;
35 no la hacían por el rey,
que no la merece, no;
él les puso muchos pechos[7]
y quitáraselos yo.

Llanto de Gonzalo Gustios[1]

Pártese el moro Alicante
víspera de San Cebrián;
ocho cabezas llevaba,
todas de hombres de alta sangre.

---

[6] **ricos hombres:** la primera clase de la nobleza.

[7] **pechos:** tributos que pagaban los vasallos al rey o a su señor.

[1] **Gonzalo Gustios:** padre de los siete Infantes de Lara (o Salas) y casado con doña Sancha, hermana de Ruy o Rodrigo Velázquez. En las bodas de Ruy Velázquez con doña Lambra de Bureba, el menor de los infantes, Gonzalo González, riñe con don Alvar Sánchez, primo de aquélla, y enfurecido, le mata. Doña Lambra hace, más tarde, que un criado arroje al rostro del infante un cohombro (pepino) tinto de sangre. El criado, luego de hacerlo, busca protección bajo el manto de doña Lambra y allí le matan los infantes, olvidándose de que esto constituía una ofensa para la dama. Ruy Velázquez, para vengar la afrenta recibida por su mujer, traiciona a los siete infantes, que mueren en una emboscada a manos de los moros. Antes de la muerte de los infantes había enviado Ruy Velázquez a Gonzalo Gustios a Córdoba con una carta en árabe para el rey moro Almanzor en la que le pedía que matase al portador y le prometía las cabezas de sus sobrinos. Almanzor se apiada y pone preso a Gonzalo Gustios; de la prisión le saca luego para que vea las ocho cabezas: las de los siete infantes y la de su ayo.

5 Sábelo el rey Almanzor,
a recibírselo sale;
aunque perdió muchos moros
piensa en esto bien ganar.
Mandara hacer un tablado
10 para mejor los mirar;
mandó traer un cristiano
que estaba en captividad,
como ante sí lo trujeron[2]
empezole de hablar:
15 díjole: —Gonzalo Gustios,
mira quien conocerás;
que lidiaron mis poderes
en el campo de Almenar,
sacaron ocho cabezas;
20 todas son de gran linaje.
Respondiole Gonzalo Gustios:
—Presto os diré la verdad.—
Y limpiándoles la sangre[3]
asaz se fuera a turbar;
25 dijo llorando agramente:[4]
—¡Conózcolas por mi mal!
La una es de mi carillo;[5]
las otras me duelen más,
de los infantes de Lara
30 son, mis hijos naturales.[6]
Así razona con ella
como si vivos hablasen:

Los lamentos del padre son breves elegías en las que va reconociendo a sus hijos y recordando, en parcas enumeraciones, las cualidades de cada uno, en una escena de grandiosidad trágica. Nótese que las diferentes virtudes de los hijos como guerreros y como hombres son la síntesis del perfecto caballero de la Edad Media.

[2] **como . . . trujeron** (ant.): cuando lo trajeron ante el rey.

[3] **la sangre**: detalle duro, propio del tema de venganza.

[4] **asaz . . . agramente**: se turbó bastante y dijo llorando agriamente.

[5] **carillo**: querido.

[6] **mis hijos naturales**: mis propios hijos, legítimos. Hoy el significado es lo contrario: hijos ilegítimos.

—¡Sálveos Dios, Nuño Salido.[7]
el mi compadre[8] leal!
35 ¿Adónde son los mis hijos
que yo os quise encomendar?
Mas perdonadme, compadre,
no he por qué os demandar,[9]
muerto sois como buen ayo,
40 como hombre muy de fiar.—
Tomara otra cabeza,
del hijo mayor de edad:
—¡Oh, hijo Diego González,
hombre de muy gran bondad,
45 del conde Garci Fernández[10]
alférez[11] el principal,
a vos amaba yo mucho,
que me habíades de heredar!
Alimpiándola con lágrimas
50 volviérala a su lugar.
Y toma la del segundo,
don Martín que se llamaba:
—¡Dios os perdone, el mi hijo,
hijo que mucho preciaba;
55 jugador de tablas[12] erais,
el mejor de toda España;
mesurado caballero,
muy bien hablabais en plaza!—

---

7 **Nuño Salido:** ayo de los infantes, el que, según el *Cantar,* se arrojó a herir los primeros golpes de la batalla, buscando la muerte, por no ver la de aquéllos que con tanto amor había criado.

8 **compadre:** Lo llama así por haber sido un segundo padre para los infantes. Hoy compadres son el padre de un niño y el hombre que lleva a éste al bautizo, el padrino.

9 **no he . . . demandar:** no tengo razón para preguntarte lo que te he preguntado.

10 **Garci Fernández:** conde de Castilla, pariente de doña Lambra, logró poner paz después de la riña y muerte de Álvar Sánchez, paz que se volvió en duelo después del asunto del cohombro.

11 **alférez:** oficial que llevaba la bandera.

12 **tablas:** juego de damas y dados, según lo explica el rey Alfonso X el Sabio en el *Libro de ajedrez, dados y tablas.*

Y dejándola llorando,
60 la del tercero tomaba:
—¡Hijo don Suero González,
todo el mundo os estimaba;
un rey os tuviera en mucho
sólo para la su caza!
65 Ruy Velázquez, vuestro tío
malas bodas os depara;[13]
a vos os llevó a la muerte,
a mí en cautivo dejaba!—
Y tomando la del cuarto
70 lasamente[14] la miraba:
—¡Oh, hijo Fernán González
(nombre del mejor de España,
del buen conde de Castilla,[15]
aquel que vos baptizara),
75 matador de oso y de puerco,[16]
amigo de gran compaña;
nunca con gente de poco[17]
os vieran en alianza!
Tomó la de Ruy González,
80 al corazón la abrazaba:
—¡Hijo mío, hijo mío,
quién como vos se hallara;
gran caballero esforzado,
muy buen bracero[18] a ventaja;
85 vuestro tío Ruy Velázquez
tristes bodas ordenara!—
Y tomando otra cabeza
los cabellos se mesaba:[19]

---

13 **depara:** proporciona. Se alude aquí y más adelante a las bodas que tanta desgracia causaron.

14 **lasamente:** tiernamente.

15 **el buen conde de Castilla:** el conde Fernán González —a quien se debió la libertad de Castilla— aparece como padrino del cuarto infante de Lara.

16 **puerco:** puerco espín.

17 **gente de poco:** personas ruines.

18 **buen bracero:** buen tirador de lanza.

19 **se mesaba:** Mesarse es arrancarse los cabellos o las barbas; era manifestación de dolor.

—¡Oh, hijo Gustios González,
90 habíades buenas mañas,
no dijérades mentiras
ni por oro ni por plata;
animoso, buen guerrero,
muy gran heridor de espada,
95 que a quien dábades de lleno,[20]
tullido o muerto quedaba!—
Tomando la del menor
el dolor se le doblaba:
—¡Hijo Gonzalo González,
100 los ojos de doña Sancha![21]
¡Qué nuevas irán a ella,
que a vos más que a todos ama!
¡Tan apuesto de persona,
decidor bueno entre damas,
105 repartidor de su haber,[22]
aventajado en la lanza!
¡Mejor fuera la mi muerte
que ver tan triste jornada!—
Al duelo que el viejo hace,
110 toda Córdoba lloraba.[23]
El rey Almanzor, cuidoso,[24]
consigo se lo llevaba
y mandaba a una morica
lo sirviese muy de gana.
115 Esta le torna en prisiones
y con amor le curaba;
hermana era del rey,
doncella moza y lozana;
con ésta Gonzalo Gustios
120 vino a perder la su saña[25]

---

[20] **dábades de lleno:** heríais, golpeabais totalmente.

[21] **los ojos de doña Sancha:** el hijo preferido de su madre (hermana de Ruy Velázquez).

[22] **haber:** hacienda.

[23] **al duelo . . . lloraba:** Estos dos versos vienen a ser una especie de coro griego. El dolor del padre conmueve a los enemigos.

[24] **cuidoso:** angustiado; el rey compadece al enemigo en su desgracia.

[25] **saña:** ira.

que de ella le nació un hijo
que a los hermanos vengara.[26]

Muerte de Ruy Velázquez

A cazar va don Rodrigo,[1]
y aun[2] don Rodrigo de Lara;
perdido había el azor,[3]
no hallaba ninguna caza;
5 con la gran siesta[4] que hace
arrimado se ha a una haya,[5]

---

[26] **un hijo . . . vengara:** Mudarra, el hijo bastardo, vengará a sus siete hermanos, matando a Ruy Velázquez y haciendo matar a doña Lambra. Es personaje legendario, creado para llevar a cabo la justicia poética. Nótese la rapidez con que se acumulan los acontecimientos y recuérdese que la venganza —así como el odio entre dos familias— era tema frecuente en los primitivos cantares de gesta y en los romances épicos de ellos derivados. También lo era en los romances novelescos. La venganza estaba autorizada por las leyes y se consideraba no sólo un derecho sino un deber de la familia, o de su pueblo, vengar la ofensa recibida por uno de sus miembros.

Los doce versos finales dan un giro novelesco a la tragedia pues utilizan un asunto de la ficción universal; la princesa que se enamora del prisionero a quien guarda. En cambio, todo el resto del romance refleja la realidad vital del siglo x: en las costumbres (fiestas, juegos, el manto como asilo, etc.); en las enemistades entre dos familias, en la doble venganza, en los lamentos y elogios como parte del rito que se hacía a los difuntos. Hasta el horroroso detalle de las cabezas tiene fundamento histórico pues era costumbre de los moros llevarse carretadas de cabezas de los enemigos vencidos a Córdoba y exponerlas en sus muros; así anunciaban sus victorias los musulmanes.

[1] **don Rodrigo:** Ruy o Rodrigo Velázquez, tío de los siete Infantes de Lara puesto que era hermano de doña Sancha, madre de los infantes.

[2] **y aun:** Dice un crítico e historiador del Romancero, José Gella Iturriaga: "*Y aun,* expresión anticuada que, a juicio nuestro, debió emplearse para substituir el complemento y evitar la repetición inmediata de éste. Así, en el romance que dice: 'Jugando estaba el rey moro/ y aun al ajedrez un día,' el *y aun* remplaza a *jugando*; de análoga manera en este romance substituye a la frase *a cazar*. Suposición confirmada en otros romances posteriores que, sin el *y aun,* repiten el complemento: 'A caza va don Rodrigo,/ a caza como solía,' " etc.

[3] **azor:** halcón, ave de presa para la caza.

[4] **siesta:** calor de la hora sexta, de las primeras horas de la tarde.

[5] **haya:** árbol de madera ligera y muy resistente.

maldiciendo a Mudarrillo,[6]
hijo de la renegada,
que si a las manos le hubiese[7]
10 que le sacaría el alma.
El señor estando en esto,
Mudarrillo que asomaba:[8]
—Dios te salve, buen señor,
debajo la verde haya.
15 —Así haga a ti, caballero;
buena sea tu llegada.
—Dígasme, señor, tu nombre,
decirte he yo la mi gracia.[9]
—A mí me llaman don Rodrigo,
20 y aun don Rodrigo de Lara,[10]
cuñado de don Gonzalo,
hermano de doña Sancha;
por sobrinos me los hube
los siete infantes de Lara.
25 Maldigo aquí a Mudarrillo,
hijo de la renegada,
si delante lo tuviese,
yo le sacaría el alma.
—Si a ti dicen don Rodrigo,
30 y aun don Rodrigo de Lara,
a mí Mudarra González,
hijo de la renegada,
de Gonzalo Gustios hijo
y alnado[11] de doña Sancha;
35 por hermanos me los hube
los siete infantes de Lara;

---

[6] **Mudarrillo:** Mudarra, hijo de Gonzalo Gustios y de la hermana del jefe moro Almanzor ("la renegada" la llama el poema más abajo), viene a vengar a sus hermanos. Nótese que, dado ya el escenario, comenzará de aquí en adelante la forma dialogada.

[7] **si . . . hubiese:** si le tuviese a mano; *haber* se usa mucho en el sentido de *tener*; más abajo, *me los hube*) me los tuve.

[8] **El . . . asomaba:** en este momento asomó, apareció Mudarra.

[9] **mi gracia:** mi nombre.

[10] **y aun . . . Lara:** y a mí me llaman . . . Lara.

[11] **alnado:** hijastro.

tú los vendiste, traidor,
en el val[12] del Arabiana.
Mas si Dios ahora me ayuda
40 aquí dejarás el alma.
—Espéresme, don Mudarra,
iré a tomar las mis armas.
—El espera que tú diste
a los infantes de Lara;
45 aquí morirás, traidor,
nemigo[13] de doña Sancha.

Pensativo estaba el Cid[1]

Pensativo estaba el Cid
viéndose de pocos años
para vengar a su padre

[12] **val**: forma apocopada de valle. Estos versos se citan en el *Quijote* (Parte II, cap. LX). Mudarra mata a Ruy Velázquez y hace quemar a Doña Lambra.

[13] **nemigo**: enemigo.

[1] **el Cid**: Rodrigo Díaz de Vivar vivió en el siglo XI; murió en 1099. Fue armado caballero por el príncipe don Sancho. Se casó con una prima hermana del rey Alfonso VI, Jimena Díaz, hija del conde de Oviedo. El rey le desterró en 1081 por una correría que hizo Rodrigo contra el reino moro de Toledo, y en 1089 le confiscó los bienes por no llegar a tiempo a una excursión que hacía Alfonso al castillo de Aledo a pelear contra Yusuf, el emperador almorávide; en 1092 el rey le devolvió todas sus heredades. En 1094 tomó Rodrigo la ciudad de Valencia. Rodrigo y Jimena tuvieron tres hijos: Diego, el mayor, murió a los 22 años en una batalla; Cristina Elvira casó con Ramiro, infante de Navarra y sobrino segundo del rey: su hijo fue elegido rey de Navarra en 1134; la hija menor, María Sol, casó con Ramón Berenguer III, conde de Barcelona.

Los primeros relatos que se ocupan del Cid son árabes: el de un moro valenciano Ben Alcama, que presencia la toma de Valencia, y el de un moro portugués, Ben Bassam, contemporáneo de Ben Alcama. Escriben unos diez años después de muerto el Cid y le son hostiles.

La *Historia Roderici,* escrita en latín por un clérigo anónimo unos quince años después de muerto el Cid, recalca en el héroe al guerrero y al fiel vasallo de su rey.

La poesía también se ocupa del Cid, como se ve en un *Carmen* latino escrito en vida y en honor del campeador. En el poema se relata la lucha con el conde de Barcelona.

El *Poema de Mio Cid* (1140), compuesto por un juglar anónimo, acentúa la lealtad del Cid como vasallo de Alfonso VI (a pesar de ser víctima de su injusticia), la toma de Valencia, y las desgraciadas bodas de sus hijas. Son históricos la mayor parte de los personajes.

matando al Conde Lozano.[2]
5 Miraba el bando temido
del poderoso contrario,
que tenía en las montañas
mil amigos asturianos;
miraba cómo en las Cortes
10 del Rey de León Fernando[3]
era su voto el primero,
y en guerras mejor su brazo.
Todo le parece poco
respecto de aquel agravio,
15 el primero que se ha fecho[4]
a la sangre de Laín Calvo.[5]

Hablan del Cid las crónicas en latín (*Crónica Najerense,* 1160; *Chronicon Mundi,* c. 1236, del obispo de Túy; *De rebus Hispaniae,* 1243, del arzobispo de Toledo). Las crónicas en castellano incorporan en prosa los poemas épicos y se aprovechan de los cronicones en árabe y en latín (*Primera Crónica General de España,* 1289; la *Crónica de 1344; Crónica Particular del Cid,* etc.).

Hubo en el siglo XIV un *Cantar de Rodrigo,* hoy perdido, que fue prosificado en la *Crónica de 1344;* en él aparece Rodrigo como matador del padre de Jimena, y se incluyen muchos episodios, entre ellos el del leproso. De comienzo del XV es otro poema del mismo asunto —*Las mocedades de Rodrigo*— en el que aparece un Cid impetuoso, desmesurado, todo lo opuesto al del *Cantar* del siglo XII. Es un poema novelesco, de episodios fantásticos, y es el que inspiró una gran cantidad de romances sobre las mocedades de Rodrigo, el cerco de Zamora, la conquista de Valencia, etc. La juventud, las relaciones con Jimena y el cerco de Zamora entran en el teatro con dos comedias de Guillén de Castro (1569–1631): *Las mocedades del Cid* y *Las hazañas del Cid.* De la primera hace Pierre Corneille (1604–1684) una adaptación (*Le Cid*), que da universalidad al héroe castellano. El Cid del *Poema* inspira un drama moderno —*Las hijas del Cid,* de Eduardo Marquina— y una bella poesía, "Castilla" de Manuel Machado.

El romancero del Cid, el más amplio de todos los histórico-legendarios, puede dividirse en tres grupos: (a) el de las mocedades (al que pertenecen este romance y *Jimena pide justicia al rey*); (b) el cerco de Zamora (al que pertenecen *El reto* y *Afuera, afuera*); y (c) el destierro (*La jura de Santa Gadea* y *El moro Búcar*). *Cid* = señor, título aplicado a Rodrigo Díaz de Vivar.

[2] **Conde Lozano:** padre de Jimena Gómez. El conde había abofeteado a Diego Laínez, padre de Rodrigo. Por su vejez no puede Diego Laínez lavar la mancha en su honra, de modo que le toca hacerlo al hijo. Se consideraba que la venganza era no sólo un derecho sino un deber familiar. Recuérdese cómo venga Mudarra la muerte de sus hermanos en "Los siete infantes de Lara".

[3] **Fernando:** padre de Sancho II, Alfonso VI, don García, doña Urraca y doña Elvira.

[4] **fecho:** por *hecho,* como más abajo *faz, fasta* por *haz, hasta.*

[5] **Laín Calvo:** caballero noble, a quien eligieron juez los castellanos a la muerte del rey Alfonso II (murió célibe en 842) para que, con Nuño Rasura, rigiera el condado de Castilla.

Al cielo pide justicia,
a la tierra pide campo,
al viejo padre licencia,
20 y a la honra esfuerzo y brazo.
Non cuida de su niñez;[6]
que naciendo, es costumbrado
a morir por casos de honra
el valiente fijodalgo.[7]
25 Descolgó una espada vieja
de Mudarra el castellano,
que estaba vieja y mohosa
por la muerte de su amo;
y pensando que ella sola
30 bastaba para el descargo,
antes que se la ciñese,
así le dice turbado:
—Faz cuenta, valiente espada,
que es de Mudarra mi brazo,
35 y que con su brazo riñes,
porque suyo es el agravio.
Bien sé que te correrás
de verte así en la mi mano;[8]
mas no te podrás correr
40 de volver atrás un paso.
Tan fuerte como tu acero
me verás en campo armado;
tan bueno como el primero,
segundo dueño has cobrado;
45 y cuando alguno te venza,
del torpe fecho enojado,
fasta la cruz[9] en mi pecho
te esconderé muy airado.

---

6 **Non . . . niñez:** no se preocupa por el hecho de ser tan joven.

7 **fijodalgo:** (fijo de algo>fijodalgo>fidalgo>hidalgo): el hidalgo está acostumbrado a morir por la honra; es ésta uno de los temas primordiales en el Romancero y luego en el teatro clásico español.

8 **sé . . . mano:** sé que te avergonzarás por verte en mi mano después de haber pertenecido a Mudarra.

9 **fasta la cruz:** hasta la cruz que forma la espada en la guarnición.

Vamos al campo, que es hora
50 de dar al Conde Lozano
el castigo que merece
tan infame lengua y mano.[10]—
Determinado va el Cid,
y va tan determinado,
55 que en espacio de una hora
quedó del Conde vengado.[11]

Jimena pide justicia al rey

En Burgos está el buen rey
asentado a su yantar,[1]
cuando la Jimena Gómez
se le vino a querellar;
5 cubierta paños de luto,[2]
tocas[3] de negro cendal;[4]
las rodillas por el suelo,
comenzara de fablar;
—Con mancilla vivo, rey;
10 con ella vive mi madre;
cada día que amanece
veo quien mató mi padre
caballero en un caballo
y en su mano un gavilán;[5]
15 por hacerme más enojo

---

10 **mano:** Infame "de mano" porque el conde Lozano había insultado al padre del Cid, no sólo de palabra sino dándole una bofetada.

11 **vengado:** Nótese la rapidez de la acción en los últimos cuatro versos.

1 **el buen . . . yantar:** Don Fernando está sentado a la mesa (*yantar*: comer).

2 **paños de luto:** Jimena llegó, vestida de luto, a quejarse (querellarse) al rey porque vive deshonrada (con mancilla, con mancha en su honor) por la conducta del Cid, que ha dado muerte al padre de Jimena.

3 **tocas:** velos.

4 **cendal:** gasa.

5 **gavilán:** ave rapaz de la familia del halcón.

cébalo en mi palomar;
con sangre de mis palomas
ensangrentó mi brial.[6]
¡Hacedme, buen rey, justicia,
20 no me la queráis negar!
Rey que non face justicia
non debía de reinar,
ni comer pan a manteles,[7]
ni con la reina folgar.[8]
25 El rey cuando aquesto oyera
comenzara de pensar:
"Si yo prendo o mato al Cid,
mis cortes[9] revolverse han;[10]
pues, si lo dejo de hacer,
30 Dios me lo demandará."[11]
Allí habló doña Jimena
palabras bien de notar:
—Yo te lo diría rey,
como lo has de remediar.
35 Mantén tú bien las tus cortes,
no te las revuelva nadie,
y al que mi padre mató
dámelo para casar,
que quien tanto mal me hizo
40 sé que algún bien me fará.
—Siempre lo he oído decir,
y ahora veo que es verdad,
que el seso de las mujeres
no era cosa natural:
45 hasta aquí pidió justicia,
ya quiere con él casar.
Mandaré una carta al Cid,
mandarle quiero llamar.

---

6 **brial**: túnica de seda que llevaban las mujeres ceñida a la cintura.
7 **a manteles**: esto es, en mesa con mantel para comer.
8 **folgar**: holgar, divertirse.
9 **cortes**: junta general que celebraban los vasallos para tratar de asuntos del Estado.
10 **revolverse han**: se rebelarán.
11 **Dios me lo demandará**: Dios me pedirá cuentas por no proteger a Jimena y no castigar al Cid.

Las palabras no son dichas,
50 la carta camino va;
mensajero que la lleva
dado la había a su padre.[12]

La jura de Santa Gadea[1]

En Santa Gadea de Burgos,
do juran los fijosdalgo,[2]
allí le toma la jura
el Cid, al rey castellano.[3]
5 Las juras eran tan fuertes,
que a todos ponen espanto;
sobre un cerrojo[4] de hierro
y una ballesta[5] de palo:
—Villanos mátente, Alfonso,
10 villanos, que non fidalgos;
de las Asturias de Oviedo,
que no sean castellanos.
Mátente con aguijadas,[6]
no con lanzas ni con dardos;
15 con cuchillos cachicuernos,[7]
no con puñales dorados;

---

12 **padre:** Aquí termina esta versión; en otras versiones sigue el romance.

1 **Santa Gadea:** vieja iglesia de Burgos.

2 **fijosdalgo:** hidalgos.

3 **rey castellano:** Alfonso VI. Muerto el rey Sancho en el sitio de Zamora, va Alfonso a Burgos a reinar; en la iglesia de Santa Gadea tiene que jurar que no tuvo parte en la muerte de su hermano. La cuestión jurídica y moral interesaba al auditorio enormemente.

4 **cerrojo:** barra pequeña de hierro que se usa par cerrar puertas o ventanas.

5 **ballesta:** máquina de guerra que se usaba para tirar piedras; arma portátil que se usaba antiguamente para lanzar flechas.

6 **aguijada:** vara con punta de hierro para picar a los bueyes. Sigue la descripción de los villanos e hidalgos: armas, vestidos y calzado, caballerías, etc. Como se ve por el parlamento —hecho todo a base de contrastes— había una diferencia entre morir a manos de villanos y morir a manos de hidalgos, etc.

7 **cuchillos cachicuernos:** cuchillos con mango de cuerno.

abarcas[8] traigan calzadas,
que non zapatos con lazos;
capas traigan aguaderas,[9]
20 non de contray,[10] ni frisado;[11]
con camisones de estopa,[12]
non de Holanda, ni labrados;
vayan cabalgando en burras,
non en mulas ni caballos;
25 frenos traigan de cordel,
non de cueros fogueados;
mátente por las aradas,[13]
non por villas ni poblados,
y sáquente el corazón
30 por el siniestro costado,
si non dijeres verdad
de lo que te es preguntado:
si fuiste, ni consentiste
en la muerte de tu hermano.—
35 Jurado tiene el buen Rey
que en tal caso no es hallado;[14]
pero con voz alterada
dijo muy mal enojado;
—Cid, hoy me tomas la jura,
40 después besarme has la mano.—
Respondiérale Rodrigo;
d'esta manera ha fablado:
—Por besar mano de rey
no me tengo por honrado;
45 porque la besó mi padre
me tengo por afrentado.[15]

---

8 **abarcas:** sandalias rústicas, de campesino.

9 **capas . . . aguaderas:** capas rústicas para la lluvia, hechas de hojas o de paja.

10 **contray:** paño fino.

11 **frisado:** tejido de seda cuyo pelo se frisaba (se levantaba y retorcía) formando borlillas.

12 **estopa:** tela gruesa.

13 **las aradas:** los campos arados.

14 **no es hallado:** El rey había jurado que no se había hallado en la muerte de Sancho, que no había tomado parte en el asesinato.

15 **afrentado:** deshonrado. Nótese aquí y más abajo la soberbia del Cid; en el *Poema* le caracteriza la mesura; en los romances, la destemplanza y hasta la insolencia. Besar

—Vete de mis tierras, Cid,
mal caballero probado,
y no me estés más en ellas
50 desde este día en un año.[16]
—Pláceme, dijo el buen Cid,
pláceme, dijo, de grado,
por ser la primera cosa
que mandas en tu reinado:
55 tú me destierras por uno,
yo me destierro por cuatro.—
Ya se despide el buen Cid,
sin al Rey besar la mano,
con trescientos caballeros,
60 esforzados fijosdalgo.
Todos son hombres mancebos,
ninguno hay viejo ni cano;
todos llevan lanza en puño
con el hierro acicalado,[17]
65 y llevan sendas adargas[18]
con borlas de colorado.[19]

Afuera, afuera, Rodrigo

—¡Afuera, afuera, Rodrigo,
el soberbio castellano!
Acordársete debría[1]
de aquel buen tiempo pasado

la mano al rey o señor suponía obligaciones tanto de parte de éste como del vasallo que se la besaba. Estas obligaciones cesaban al desterrar el rey al vasallo.

16 **en un año:** El destierro se debe en el *Poema de Mio Cid* a otro motivo: a las intrigas de sus enemigos que acusaron a Rodrigo Díaz de haberse quedado con los tributos que el rey le había mandado cobrar al rey moro de Sevilla. El Cid histórico fue desterrado en 1081.

17 **acicalado:** finamente trabajado.

18 **sendas adargas:** cada hombre lleva una adarga (escudo).

19 **borlas de colorado:** borlas (conjunto de cordoncillos reunidos por uno de sus extremos) rojas.

1 **debría:** debería.

5 que te armaron caballero
en el altar de Santiago,
cuando el rey[2] fue tu padrino,
tú, Rodrigo, el ahijado;
mi padre te dio las armas,
10 mi madre te dio el caballo,
yo te calcé espuela de oro
porque fueses más honrado;
pensando casar contigo,
¡no lo quiso mi pecado!,
15 casástete con Jimena,
hija del conde Lozano;
con ella hubiste dineros,
conmigo hubieras estados;
dejaste hija de rey
20 por tomar la de un vasallo.
En oir esto Rodrigo
volviose mal angustiado:
—¡Afuera, afuera, los míos,
los de a pie y los de a caballo,
25 pues de aquella torre mocha[3]
una vira[4] me han tirado!
No traía el asta hierro,
el corazón me ha pasado;
¡ya ningún remedio siento,
30 sino vivir más penado!

---

[2] **el rey:** don Fernando I, padre de doña Urraca, a quien al morir dejó la ciudad de Zamora. En el cantar de gesta *Sancho II o del cerco de Zamora,* conservado en la prosificación que de él hicieron las crónicas, se hallan unos versos en los que la infanta doña Urraca pide al Cid que se acuerde "de aquel buen tiempo pasado" y la defienda contra su hermano Sancho que quiere despojarla de Zamora. En este romance elabora el juglar el verso e introduce el sentimiento de amor de Urraca por Rodrigo y la pena del Cid al enterarse. Prueba esto cómo tendían hacia lo novelesco el público y el juglar que le daba gusto. Guillén de Castro aprovechó esta interpretación en su segunda comedia sobre las mocedades del Cid: *Las hazañas del Cid.*

[3] **mocha:** baja, sin punta.

[4] **vira:** saeta. La saeta que le dispararon a Rodrigo desde la torre mocha es amorosa (sin hierro). El amor de la infanta entristece a Rodrigo.

El reto[1] de Diego Ordóñez

Ya cabalga Diego Ordóñez,
ya del real había salido,
armado de piezas dobles,[2]
sobre un caballo morcillo;[3]
5 va a retar los zamoranos,
por muerte del rey su primo.[4]
Vido estar a Arias Gonzalo[5]
en el muro del castillo;
allí detuvo el caballo,
10 levantose en los estribos:
—¡Yo os reto, los zamoranos,
por traidores fementidos![6]
¡Reto a mancebos y viejos,
reto a mujeres y niños,
15 reto también a los muertos
y a los que aún no son nacidos;
reto la tierra que moran,
reto yerbas, panes, vinos,
desde las hojas del monte
20 hasta las piedras del río,

---

1 **reto:** desafío.
2 **piezas dobles:** armadura completa.
3 **caballo morcillo:** caballo de color negro con reflejos rojos.
4 **del rey su primo:** Sancho II, hijo del rey Fernando I. Fernando, antes de morir en 1065, dividió su reino, dando Zamora (fortaleza sobre el río Duero, en tierras de León) a su hija Urraca. El rey Sancho II de Castilla puso sitio a su hermana Urraca en Zamora en 1072 y le quitó las tierras a su hermano Alfonso. Los zamoranos enviaron al campamento de Sancho a un guerrero, Vellido Dolfos, que se fingía desertor, y que, a traición, mató a Sancho. Los castellanos creyeron que la muerte del rey era un castigo divino y levantaron el sitio de Zamora, pero acusaron a la ciudad, colectivamente, de ser responsable de la traición.
5 **Arias Gonzalo:** anciano ayo o tutor de Urraca.
6 **fementidos:** falsos, traidores.

pues fuisteis en[7] la traición
del alevoso[8] Vellido!
Respondiole Arias Gonzalo,
como viejo comedido:
25 —Si yo fuera cual tú dices,
no debiera ser nacido.
Bien hablas como valiente,
pero no como entendido.
¿Qué culpa tienen los muertos
30 en lo que hacen los vivos?
Y en lo que los hombres hacen,
¿qué culpa tienen los niños?
Dejéis en paz a los muertos,
sacad del reto a los niños,
35 y por todos los demás
yo habré de lidiar contigo.
Mas bien sabes que en España
antigua costumbre ha sido
que hombre que reta a concejo[9]
40 haya de lidiar con cinco,
y si uno de ellos le vence,
el concejo queda quito.[10]
Don Diego cuando esto oyera
algo fuera arrepentido;
45 mas sin mostrar cobardía,
dijo: —Afírmome a lo dicho.[11]

---

7 **fuisteis en:** fuisteis cómplices de.

8 **alevoso:** traidor, pérfido.

9 **concejo:** aquí, comunidad, todos los habitantes de la ciudad.

10 **queda quito:** queda libre. La segunda comedia de *Las mocedades del Cid,* de Guillén de Castro, se inspira en esta situación y aprovecha varios romances sobre el tema. Tres hijos de Arias Gonzalo mueren a manos de Diego Ordóñez. Al final los jueces decretan que no hay vencedor ni vencido pero Zamora queda sin la mancha de la traición.

11 **Afírmome a lo dicho:** Insisto en lo que he dicho.

El moro Búcar y la hija del Cid[1]

Helo, helo[2] por do viene
el moro por la calzada,[3]
caballero a la jineta
encima una yegua baya;
5 borceguíes marroquíes
y espuela de oro calzada,
una adarga ante los pechos,
y en su mano una azagaya.[4]
Mira y dice a esa Valencia:[5]
10 —¡De mal fuego seas quemada!
Primero fuiste de moros
que de cristianos ganada.
Si la lanza no me miente,
a moros serás tornada,
15 y aquel perro[6] de aquel Cid
prenderelo por la barba;[7]
su mujer doña Jimena
será de mí captivada,

---

1 El rey Búcar aparece en el *Poema del Mio Cid* en una de las batallas cerca de Valencia. Es perseguido y muerto por el Campeador antes de entrar en el mar. El Cid le mató con la espada Colada y ganó la espada de Búcar, Tizona. El autor de este romance reelabora el episodio dándole un matiz burlesco.

2 **Helo, helo**: expresión que señala al moro y actualiza la acción: Aquí viene.

3 **calzada**: camino empedrado y ancho; cuatro versos más abajo, *calzada* es participio del verbo *calzar*. Nótese que la descripción del moro se reduce a la caballería y las armas; *a la jineta:* arte de montar a caballo con los estribos cortos; *baya:* de un blanco amarillento; *borceguíes:* calzado que llega hasta más arriba del tobillo, abierto por delante y que se ajusta por medio de cordones.

4 **azagaya**: lanza pequeña arrojadiza.

5 **Valencia**: ciudad conquistada por el Cid en 1094.

6 **aquel perro**: insulto; era costumbre entre los moros llamar *perros* a los cristianos y viceversa, como se verá más abajo en el parlamento del Cid.

7 **prenderelo por la barba**: mesar la barba a otra persona era una ofensa muy grande.

y su hija Urraca Hernández[8]
20 será la mi enamorada;
después de yo harto d'ella[9]
la entregaré a mis compañas.[10]—
El buen Cid no está tan lejos
que todo no lo escuchara.
25 —Venid vos acá, mi fija,
mi fija doña Urraca;
dejad las ropas continas,[11]
y vestid ropas de Pascua;
a aquel moro hi-de perro
30 detiénemelo en palabras,
mientras yo ensillo a Babieca[12]
y me ciño la mi espada.—
La doncella muy fermosa
se paró a una ventana;
35 el moro desque la vido[13]
d'esta suerte le fablara:
—¡Alá te guarde, señora,
mi señora doña Urraca!
—¡Así faga a vos, señor,
40 buena sea vuestra llegada!
Siete años ha, Rey, siete,
que soy vuestra enamorada.[14]
—Otros tantos ha, señora,
que os tengo dentro en mi alma.—
45 Estos estando en aquesto,
el buen Cid que asomaba.
—Adiós, adiós, mi señora,
la mi linda enamorada,

---

[8] **Urraca Hernández:** Las hijas del Cid histórico se llamaban María Sol y Cristina Elvira; en el Poema, *Elvira* y *Sol*.

[9] **después . . . d'ella:** después que me canse de ella.

[10] **mis compañas:** mis tropas.

[11] **ropas continas:** las ropas de diario.

[12] **Babieca:** el caballo del Cid que regala al rey Alfonso VI al fin del *Poema* pero que el monarca no acepta: "que si tomo ese caballo no tendrá tan buen señor". *Ensillar:* poner la silla (a un caballo).

[13] **desque la vido:** cuando la vio.

[14] **vuestra enamorada:** La hija del Cid se finge enamorada de Búcar con el propósito de entretenerlo y dar tiempo a su padre para que se arme y persiga al moro.

que del caballo Babieca
50 yo bien oigo la patada.—
Do la yegua pone el pie
Babieca pone la pata.
El Cid fablara al caballo,
bien oiréis[15] lo que fablaba:
55 —¡Reventar debía la madre
que a su hijo no esperaba!—
Siete vueltas la rodea
al derredor de una jara;[16]
la yegua, que era ligera,
60 muy adelante pasaba
fasta llegar cabe[17] un río
adonde una barca estaba.
El moro desque la vido
con ella bien se folgaba;[18]
65 grandes gritos da al barquero
que le allegase[19] la barca:
el barquero es diligente,
túvosela aparejada;
embarcose presto en ella,
70 que no se detuvo nada.
Estando el moro embarcado,
el buen Cid se llegó al agua,
y por ver al moro en salvo
de tristeza reventaba;
75 mas con la furia que tiene
una lanza le arrojaba,
y dijo: —Coger, mi yerno,[20]
arrecogedme[21] esa lanza,
que quizá tiempo verná[22]
80 que os será bien demandada.

---

15 **"bien oiréis"**: Esta y otras expresiones semejantes indican que el juglar se dirigía a un auditorio.
16 **jara**: arbusto o mata.
17 **cabe**: al lado de.
18 **se folgaba**: se divertía.
19 **allegase** (ant.): acercase.
20 **mi yerno**: El llamar "yerno" a Búcar es irónico.
21 **arrecogedme**: recogedme.
22 **verná**: vendrá.

Muerte del rey don Pedro I[1]

A los pies de don Enrique
yace muerto el rey don Pedro,
más que por su valentía,[2]
por voluntad de los cielos.
5 Al envainar el puñal
el pie le puso en el cuello,
que aun allí no está seguro
de aquel invencible cuerpo.
Riñeron los dos hermanos,
10 y de tal suerte riñeron,
que fuera Caín el vivo
a no haberlo sido el muerto.[3]
Los ejércitos movidos
a compasión y contento,
15 mezclados unos con otros
corren a ver el suceso:
Y los de Enrique
cantan, repican y gritan:
—Viva Enrique; y los de Pedro
20 *clamorean, doblan, lloran*
su rey muerto.[4]

---

1 **don Pedro I:** Reinó de 1350 a 1369 y fue muerto por su hermano bastardo don Enrique de Trastámara en Montiel. Se le ha llamado "el rey justiciero" y "don Pedro el Cruel". Estas contradictorias opiniones las expresa el autor de este romance artístico (1600?) pero es evidente su simpatía por don Pedro. Muchos de los romances fueron escritos en el campo enemigo y por lo tanto favorecían a don Enrique. Don Pedro, en cambio, fue favorecido en el teatro (Lope de Vega le dedica 8 comedias); el Romanticismo le admira como rey justiciero.

2 **más . . . valentía:** más que por la valentía de Enrique murió don Pedro porque así lo decretó el Cielo.

3 **el muerto:** que don Enrique hubiera sido Caín si antes no lo hubiera sido don Pedro (cuando mató a su hermano don Fadrique).

4 **y los . . . muerto:** El estribillo refleja los sentimientos de ambos bandos, el vencedor y el vencido y da variedad musical al romance. Nótese el predominio de la *i* cuando se trata de don Enrique y de la *o* y la *e* cuando se trata de don Pedro.

Unos dicen que fue justo,
otros dicen que mal hecho,
que el rey no es cruel si nace
25 en tiempo que importa serlo,
y que no es razón que el vulgo
con el rey entre a consejo,
a ver si casos tan graves
han sido bien o mal hechos;
30 y que los yerros de amor
son tan durados y bellos,
cuanto la hermosa Padilla[5]
ha quedado por ejemplo;
que nadie verá sus ojos
35 que no tenga al rey por cuerdo,
mientras que como otro Rodrigo[6]
no puso fuego a su reino:
Y los de Enrique
cantan, repican y gritan:
40 *—Viva Enrique; y los de Pedro*
clamorean, doblan, lloran
su rey muerto.
Los que con ánimos viles,
o por lisonja o por miedo,
45 siendo del bando vencido
al vencedor siguen luego,
valiente llaman a Enrique,
y a Pedro, tirano y ciego,
porque amistad y justicia
50 siempre mueren con el muerto.
La tragedia del Maestre,[7]
la muerte del hijo tierno,[8]

---

[5] **la hermosa Padilla**: María de Padilla, querida del rey don Pedro; en la historia murió ella antes que el rey, no después como dice el romance más abajo.

[6] **Rodrigo**: Se refiere al último rey godo, don Rodrigo, causa de la entrada de los moros en España y la guerra subsiguiente.

[7] **La tragedia del Maestre**: la muerte del Maestre don Fadrique, hermano de don Pedro.

[8] **la muerte del hijo tierno**: la de un hijo de don Pedro y doña María, a los tres años de edad, fue una muerte natural.

la prisión de doña Blanca[9]
sirven de infame proceso.
55 Algunos pocos leales
dan voces, pidiendo al cielo
justicia, pidiendo al rey,
y mientras que dicen esto,
Los de Enrique
60 *cantan, repican y gritan:*
—Viva Enrique; y los de Pedro
clamorean, doblan, lloran
su rey muerto.
Llora la hermosa Padilla
65 el desdichado suceso,
como esclava del rey vivo,
y como viuda del muerto.
—¡Ay, Pedro, qué muerte infame
te han dado malos consejos,
70 confianzas engañosas,
y atrevidos pensamientos!
Salió corriendo a la tienda,
y vio con triste silencio
llevar cubierto a su esposo
75 de sangre y de paños negros;
y que en otra parte a Enrique
le dan con aplauso el cetro.
Campanas tocan los unos,
y los otros, instrumentos;
80 *Y los de Enrique*
cantan, repican y gritan:
—Viva Enrique; y los de Pedro
clamorean, doblan, lloran
su rey muerto.
85 Como acrecienta el dolor
la envidia del bien ajeno,
y el ver a los enemigos

---

[9] **doña Blanca:** de Borbón, esposa legítima de don Pedro; según un romance, el rey la mandó matar por complacer a doña María; según otro, por haberle sido infiel con un hermano del rey; otros la suponen envenenada.

con favorable suceso;
así la triste señora
90 llora y se deshace, viendo
cubierto a Pedro de sangre,
y Enrique de oro cubierto.
Echó al cabello la mano,[10]
sin tener culpa el cabello,
95 y mezclando perlas y oro,
de oro y perlas cubrió el cuello:
quiso decir —Pedro—, a voces,
—villanos, vive en mi pecho—,
mas poco le aprovechó,
100 y mientras lo está diciendo,
Los de Enrique
cantan, repican y gritan:
—Viva Enrique; y los de Pedro
clamorean, doblan, lloran
105 *su rey muerto.*
Rasgó las tocas[11] mostrando
el blanco pecho encubierto,
como si fuera cristal
por donde se viera Pedro.
110 No la vieron los contrarios,
y viola envidioso el cielo,
de ver en tan poca nieve
un elemento de fuego;
desmayose, ya vencida
115 del poderoso tormento,
cubriendo los bellos ojos
muerte, amor, silencio y sueño.
Entre tanto el campo todo
aquí y allí van corriendo,
120 vencedores y vencidos,
soldados y caballeros;
Y los de Enrique
cantan, repican y gritan:

---

[10] **Echó . . . mano:** Se mesó o arrancó los cabellos, como indicio de dolor. Véanse los dos versos que siguen, de estructura elegante y artística.

[11] **las tocas:** los velos.

—Viva Enrique; y los de Pedro
125 *clamorean, doblan, lloran*
su rey muerto.

La muerte del príncipe don Juan[1]

Voces corren, voces corren, voces corren[2] por España,
que don Juan[3] el caballero está malito en la cama.
Le asisten cinco doctores de los mejores de España,
uno le mira los pies, otro le mira la cara
5 y otro le coge la sangre que de su cuerpo derrama,
otro le dice a don Juan: "El mal que tenéis no es nada.
Toavia tie[4] que venir aquel doctor de la Parra."[5]
Estando en estas razones cuando allí se presentaba,
sube la escalera arriba, camina para la sala,
10 . . . . , adonde el enfermo estaba.
Ya se ha hincado de rodillas, el pulso ya le tomaba.
—Mucho mal tenéis, don Juan, mucho mal os acompaña,

---

[1] Esta versión del romance sobre la muerte de don Juan la oyó cantar doña María Goyri de Menéndez Pidal a una mujer de la Sequera, provincia de Burgos, y la publicó, con otras versiones, en 1904 en el *Bulletin Hispanique,* tomo VI. En dos ocasiones, como se verá en los espacios en blanco, le falló la memoria a la recitadora. Publicamos el romance en versos de 16 sílabas como lo publica la Sra. de Menéndez Pidal.

[2] **voces corren:** corre el rumor.

[3] **don Juan:** (1478–1497), único hijo varón de los Reyes Católicos y heredero de su corona, casó con la archiduquesa Margarita de Austria, hija del emperador Maximiliano I, el 3 de abril de 1497. Murió el 6 de octubre del mismo año, a los diecinueve años de edad. Era inteligente y recibió una esmerada educación; era aficionado a la música; presenció representaciones de los autos de Juan del Encina, poeta que le dedicó un largo poema al morir.

[4] **Toavia tie:** (por *todavía tiene*) y *pa* (para), más adelante, son modos populares.

[5] **doctor de la Parra:** el doctor don Juan de la Parra no era médico del príncipe pero es posible que le llamaran en consulta. En uno de los romances se le presenta como envenenador de don Juan: "que dicen que es gran dotor, gran dotor que adivinaba/ trae solimán (veneno) en el dedo, en la boca se lo echara". La imaginación popular, reacia a creer que el príncipe había muerto de muerte natural, inventó este mito. Lo cierto es que el príncipe era de constitución débil, tanto es así que los médicos instaron a la reina para que separase a los cónyuges durante algún tiempo, a lo que se opuso la soberana.

tres horas tenéis de vida, hora y media va pasada,
otra hora y media tenéis para disponer de tu alma.
15 —No siento más que mi esposa que es niña y está ocupada.[6]
Estando en estas razones cuando allí se presentaba.
—¿De dónde vienes, esposita?
—Vengo de San Salvador de rogar a Dios por tu alma,
si el Señor me lo concede te levantes de la cama.
20 —Sí que me levantarán el lunes por la mañana,
y en un altarión[7] de pino y entre sábanas y holandas[8]
me llevarán pa la iglesia, mucha gente me acompaña,
y tú ya te quedarás muy triste y desconsolada.
La esposa al oir esto, hacia atrás se desmayaba;
25 ni con agua ni con vino no[9] pueden resucitarla.
Sacan un niño del vientre como un rollito de plata,[10]
se lo llevan a su padre que la bendición le echara.
—La bendición de Dios Padre, la de Dios Hijo te caiga.
Todos mueren en un hora, todos mueren en un día.
30 todos se van a gozar con Dios y Santa María.

---

[6] **ocupada:** embarazada, preñada. La princesa Margarita (1480–1530). Fue capaz de gobernar: como regente, gobernó los Países Bajos hasta la mayoría de edad de su sobrino Carlos V, hijo de su hermano Felipe el Hermoso y de Juana la Loca, hija de los Reyes Católicos; como gobernadora, en ausencia de su sobrino, gobernó desde 1517 hasta 1530.

[7] **altarión:** litera.

[8] **sábanas y holandas:** tela de lino muy fina.

[9] **ni con vino no:** hoy se suprime el adverbio *no,* o se diría: "No pueden resucitarla ni con agua ni con vino".

[10] **Sacan . . . plata:** es inexacto. La princesa dio a luz una niña muerta en 1498. Según María Goyri de Menéndez Pidal, esta confusión pudo obedecer a la muerte, en 1498, de la reina Isabel de Portugal, hija de los Reyes Católicos, al dar a luz un hijo, Miguel. Isabel de Portugal y su esposo Manuel pasaron a ser herederos al trono al morir el príncipe.

Romances carolingios y romances artúricos o del ciclo bretón

LOS ROMANCES CAROLINGIOS

Los romances caballerescos se dividen, según su modalidad, en dos ciclos: el carolingio y el artúrico (o sea, el ciclo bretón.)

La relación entre España y Francia durante la Edad Media se debe a varios factores: las peregrinaciones a Santiago de Compostela, la llegada a España de los monjes de Cluny, los matrimonios sucesivos de Alfonso VI con princesas francesas, y la participación de caballeros franceses en la guerra de la España cristiana contra el infiel, como la de don Ramón y don Enrique de Borgoña (que se casaron con dos hijas de Alfonso VI). Un francés residente en Toledo fue el autor del poema *Mainet* en el que se relata la juventud de Carlomagno. Por el camino francés entran, con los señores que iban en peregrinación a la tumba del Apóstol Santiago, juglares que cantan o recitan canciones francesas. Los juglares españoles se familiarizan con estos cantares y los refunden tratándolos a su vez con gran libertad. Finalmente los recogen las Crónicas en los siglos XIII y XIV.

El hecho de que se conserve tal cantidad de romances de tema épico francés presupone una gran abundancia y una gran popularidad de las gestas carolingias en España, escenario de muchas hazañas de Carlomagno en la guerra contra los sarracenos. Las gestas francesas son fuente a menudo de los romances carolingios recogidos en el siglo XVI, pero la mayor parte de las veces proceden los romances de las refundiciones y adaptaciones libres que hacen los juglares españoles de esas gestas o de los cantares españoles de inspiración francesa, cantares hoy perdidos. En España existe una tradición a base de los cantares españoles.

La tradición oral y los juglares colaboraron en la confección de la materia carolingia que ya existía y que se transmite en fragmentos, esto es, en romances que, como toda transmisión oral, sufren cambios y supresiones, cuando no añadiduras. También se inventa: v.g. el personaje Montesinos, inexistente en la poesía francesa, o Durandarte, caballero que toma el nombre de la espada de Roldán. Hay que tomar en cuenta que en la larga evolución de los temas carolingios desde el siglo XII hasta el XV se transforma el tono épico en novelesco.

Salvo en pormenores, la épica española no imita a la francesa porque su carácter es más realista y guarda mayor fidelidad geográfica e histórica, debida ésta en parte a que se cantan sucesos más recientes.

El romance carolingio se recrea en la descripción detallada de trajes y arreos que corresponden al lujo del siglo XV, en la representación de costumbres medievales con una tendencia al amor desenvuelto y a la galantería, lo sentimental y lo novelesco. Se encuentran en ellos pormenores maravillosos, sueños présagos y agüeros, —que escasean en las gestas y los romances heroicos españoles—, acumulación de juramentos y caminantes descalzos con los pies sangrantes. En cuanto a estilo, son más extensos y artificiosos, y abundan en ellos las imágenes, los contrastes, las reiteraciones y los paralelismos.

Gracias a los romances carolingios se perpetuaron los héroes franceses —Carlomagno, Roldán, doña Alda, Oliveros, Valdovinos, Melisenda, Gaiferos, etc.— mientras que ni Francia ni otros países europeos se preocupan de ellos en sus canciones épico-líricas ni en sus baladas.

MUERTE DE DURANDARTE[1]

¡Oh, Belerma! ¡Oh, Belerma!,
por mi mal fuiste engendrada,

[1] El nombre Durandarte se deriva de Durandal o Durendal, espada de Roldán. La espada y la lanza eran las armas ofensivas del caballero medieval pero la espada

que siete años te serví[2]
sin alcanzar de ti nada,
5 y agora que me querías
muero yo en esta batalla.
No me pesa de mi muerte,

---

tenía mayor importancia. El caballero se sentía ligado a su caballo y a su espada a los que prodigaba alabanzas. Se estimaban las espadas—símbolo de justicia y distintivo de la nobleza—por su antigüedad y por su riqueza (algunas tenían pomo y gavilán de oro), y constituían "el despojo del vencido más codiciado por el vencedor". Los guerreros las personificaban dándoles nombres, costumbre germánica que se conservó en la épica francesa y en la castellana. La espada de Carlomagno se llamaba Joyosa y perteneció al primer rey cristiano de Francia. En el poema *Mainete,* sobre sus mocedades, Carlos mata a Bramante cerca de Toledo y se apodera de su espada Durendart, que luego regala a su sobrino Roldán. Otras versiones dicen que Roldán la ganó al dar muerte a un moro y que fue fabricada en Burgos y bautizada diez veces en el río Jordán. Recuérdese que las espadas del Cid son Colada y Tizón (o Tizona); la del rey Artús es Excalibur; la de Sigfredo, la aguda Balmunga, ante la que se rindieron setecientos nobles.

No es extraño, pues, que Durendal, la espada de Roldán, fuese transformada por algún juglar en uno de los paladines franceses que murieron en Roncesvalles, en Durandarte, protagonista de varios romances. Durandarte es la acomodación a la fonética española del nombre Durendal.

No sólo se personificaba a la espada dándole nombre sino que se le hablaba como si se tratara de una persona: así se dirige Roldán a Durendal antes de morir; así Rodrigo Díaz a la vieja espada de Mudarra el Castellano cuando va a vengar la ofensa hecha a su padre.

Sobre la cruz de la guarnición se hacían juramentos; dentro del pomo de la empuñadura se incrustaban reliquias santas como las que llevaba Roldán en Durendal. Quizá a esto se debe la costumbre de besar el pomo de la espada antes de entrar en batalla.

Los golpes dados por las espadas "maravillosas" eran extraordinarios, hiperbólicos.

El mito de la forja maravillosa del acero se halla en *La chanson de Roland,* en la que el héroe prueba a Durendal contra un poyo de piedra del palacio; al morir, hiende con ella una piedra en Roncesvalles. En los romances carolingios continúa el mito de la espada que hiende piedras.

A veces se empleaba la hipérbole en la descripción del brillo, como en la que se hace, en el *Poema del Cid,* cuando saca Martín Antolínez la espada y "todo el campo relumbró, era tan limpia y tan clara".

También tenía la espada carácter simbólico—v.g. interpuesta entre dos amantes en el lecho indicaba pureza respecto a la virginidad. Así se halla en los *Nibelungos* y en *Tristán.* En el romance de Gerineldo, según D. Ramón Menéndez Pidal, "el rey interpone su espada como expresión de un imposible deseo de proteger la pureza de su hija, y a la vez como una acusación y una amenaza".

Este romance inspira los capítulos XXII y XXIII de la segunda parte del *Quijote* cuando el ilustre manchego baja a la cueva de Montesinos. Cervantes cita varios versos pero el tono elegíaco se transforma en una interpretación cómica: Durandarte, Belerma y el propio Montesinos aparecen encantados. Este último explica toda la situación a don Quijote.

[2] **servir:** cortejar, ser fiel enamorado de una dama.

aunque temprano me llama,
mas pésame que de verte
10 y de servirte dejaba.
¡Oh, mi primo Montesinos!,
lo postrero que os rogaba
que cuando yo fuere muerto
y mi ánima arrancada[3]
15 vos llevéis mi corazón
adonde Belerma estaba,
y servidla de mi parte,
como de vos esperaba.
¡Montesinos, Montesinos,
20 mal me aqueja[4] esta lanzada![5]
traigo grandes las heridas,
mucha sangre derramada;
los extremos[6] tengo fríos,
el corazón me desmaya,
25 de mi vista ya no veo,
la lengua tengo turbada.
Ojos que nos vieron ir,
no nos verán más en Francia;
abraceisme,[7] Montesinos,
30 que ya se me sale el alma.

Muerto yace Durandarte
debajo de una verde haya,
llorábalo Montesinos
que a la muerte se hallara;
35 la huesa[8] le estaba haciendo
con una pequeña daga.[9]
Desenlázale el arnés,[10]

---

[3] **mi ánima arrancada:** creencia en que, una vez muerto uno, el alma se salía del cuerpo.

[4] **me aqueja:** me duele, me hiere.

[5] **esta lanzada:** este golpe de lanza (que me han dado).

[6] **los extremos:** los miembros, los brazos y las piernas.

[7] **abraceisme:** abrazadme.

[8] **la huesa:** la fosa, la sepultura.

[9] **daga:** espada corta.

[10] **arnés:** armadura que protege el cuerpo.

el pecho le desarmaba,
por el costado siniestro[11]
40 el corazón le sacaba;
para llevarlo a Belerma
en un cendal lo guardaba;
su rostro al del muerto junta,
mójale con sus lágrimas.
45 "¡Durandarte, Durandarte,
Dios perdone la tu alma!,
que según queda la mía,
presto te tendrá compaña."[12]

Muerte de Valdovinos

De Mantua salió el marqués
Danés Urgel el leal;
allá va a buscar la caza[1]
a las orillas del mar.
5 Con él van sus cazadores
con aves para volar;
con él van los sus monteros[2]
con perros para cazar;
con él van sus caballeros
10 para haberlo de guardar.
Por la ribera del Pou
la caza buscando van.
El tiempo era caluroso,
víspera era de San Juan.[3]

---

11 **el costado siniestro:** el lado izquierdo.

12 **presto . . . compaña:** pronto te hará compañía, pronto estará junto a ti.

1 **la caza:** recreo o distracción (pasatiempo) de grandes señores, la caza aparece frecuentemente en los romances carolingios. Aquí se regodea (se complace) el juglar en la presentación del escenario.

2 **monteros:** las personas que buscan, persiguen y ojean (o espantan) la caza en el monte hasta que llega al sitio en que se le ha de tirar o coger.

3 **víspera de San Juan:** el día antes de San Juan (24 de junio), día que aparece con frecuencia en los romances. Es día de magia y de acontecimientos extraordinarios.

15 Cuando llegó a un río,
en medio de un arenal,[4]
un caballo vido muerto,
comenzolo de mirar.
Armado estaba de guerra
20 a guisa de pelear;[5]
los brazos tenía cortados,
las piernas otro que tal;[6]
un poco más adelante
una voz sintió hablar.
25 De donde la voz oyera
muy cerca fuera a llegar;
al pie de unos altos robles
vido un caballero estar,
armado de todas armas,
30 sin estoque[7] ni puñal.[8]
Tendido estaba en el suelo,
no cesa de se quejar;
las lástimas que decía
al marqués hacen llorar;
35 por entender lo que dice,
acordó de[9] se acercar.
Atento estaba escuchando
sin bullir ni menear;
lo que decía el caballero
40 razón es de lo contar.
—¿Dónde estás, señora mía,
que no te pena mi mal?[10]
De mis pequeñas heridas

---

4 **arenal:** banco de arena.

5 **a guisa de pelear:** preparado para la batalla. *Guisa,* modo, sólo se usa en las frases *a guisa de* o *de guisa.*

6 **otro que tal:** igualmente.

7 **estoque:** espada angosta y sin filo.

8 **puñal:** pequeña arma blanca puntiaguda y cortante.

9 **acordó de:** decidió.

10 **mi mal:** mi desgracia. Don Quijote recuerda estos versos en el cap. V de la primera parte: "¿Dónde estás, señora mía,/ que no te duele mi mal?" cuando ha sido molido a palos por los mercaderes toledanos. Cita también dos versos de otra versión: "¡Oh noble marqués de Mantua/ mi tío y señor carnal!"

compasión solías tomar,
45 ¡agora de las mortales
no tienes ningún pesar!
No te doy culpa, señora,
que descanso en el hablar;
mi dolor, que es muy sobrado,
50 me hace desatinar.[11]
Tú no sabes de mi mal
ni de mi angustia mortal;
yo te pedí la licencia
para mi muerte buscar.
55 Pues yo la hallé, señora,
a nadie debo culpar,
cuanto más a ti, mi bien,
que no me la querías dar;
mas cuando más no pudiste,
60 bien sentí tu gran pesar
en la fe de tu querer,
según te vi demostrar.
¡Esposa mía y señora!
No cures[12] de me esperar;
65 fasta el día del juicio
no nos podemos juntar.
Si viviendo me quisiste,
al morir lo has de mostrar,
no en hacer grandes extremos,
70 mas por el alma rogar.
¡Oh mi primo Montesinos!
¡Infante don Merián!
¡Deshecha es la compañía
en que solíamos andar!
75 ¡Ya no esperéis más de verme,
no os cumple más de buscar,
que en balde[13] trabajaréis,
pues no me podréis hallar!

---

11 **desatinar:** decir locuras, tonterías.
12 **curar:** cuidarse, preocuparse.
13 **en balde:** en vano, inútilmente.

—¡Oh sobrino Valdovinos,[14]
80 mi buen sobrino carnal!
¿Quién vos trató de tal suerte?
¿Quién vos trajo a tal lugar?
¿Quién es el que vos mató
que a mí vivo fue a dejar?
85 ¡Más valiera la mi muerte
que la vuestra en tal edad!
¿No me conocéis, sobrino?
¡Por Dios me queráis hablar!
Yo soy el triste marqués
90 que tío solíades llamar;
yo soy el marqués de Mantua,
que debo de reventar
llorando la vuestra muerte
por con vida no quedar.
95 ¡Oh desventurado viejo!
¿Quién me podrá conhortar?[15]
Que pérdida tan crecida
más dolor es consolar.
Yo la muerte de mis hijos
100 con vos podía olvidar.
Agora, mi buen señor,
de nuevo habré de llorar.
A vos tenía por sobrino
para mi estado heredar,
105 agora por mi ventura
yo vos habré de enterrar.
Sobrino, de aquí adelante
yo no quiero vivir más;
ven, muerte, cuando quisieres,

[14] **¡Oh sobrino Valdovinos . . . etc.:** Este lamento del marqués de Mantua ante el sobrino moribundo recuerda el de Carlomagno al encontrar muerto a Rolando en el poema *Roncesvalles*. Valdovinos fue herido jugando al ajedrez con un caballero llamado Carloto pero Cervantes dice que "Carloto lo dejó herido en la montiña", basándose en otra versión del romance. El marqués de Mantua, aventurero en los poemas épicos franceses, adquiere dignidad en el romance español. En otro romance, el marqués pide justicia a Carlomagno, que sentencia a muerte a Carloto por haber matado a Valdovinos.

[15] **conhortar** (ant.): consolar.

110 no te quieras detardar;
¡mas al que menos te teme
le huyes por más penar!
¿Quién le llevará las nuevas
amargas de gran pesar
115 a la triste madre vuestra?
¿Quién la podrá consolar?
Siempre le oí decir,
agora veo ser verdad,
que quien larga vida vive
120 mucho mal ha de pasar:
por un placer muy pequeño
pesares ha de gustar—.
De estas palabras y otras
no cesaba de hablar,
125 llorando de los sus ojos[16]
sin poderse conhortar.
Esforzose Valdovinos
con el angustia mortal;
desque[17] conoció a su tío,
130 alivio fuera a tomar;[18]
tomole entrambas las manos,
muy recio[19] le fue apretar;
disimulando su pena,
comenzó al marqués hablar:
135 —No lloredes, señor tío.
por Dios no queráis llorar,
que me dais doblada pena;
y al alma hacéis penar;
mas lo que vos encomiendo[20]
140 es por mí queráis rogar,
y no me desamparéis[21]

---

16 **llorando . . . ojos**: frase frecuente en los poemas franceses y que emplea algunas veces el autor anónimo del *Poema del Cid.*

17 **desque**: desde que, cuando.

18 **alivio . . . tomar**: se sintió aliviado, más sereno.

19 **muy recio**: fuertemente.

20 **vos encomiendo**: os encargo, os pido.

21 **no me desamparéis**: no me dejéis solo, abandonado.

en este esquivo[22] lugar:
fasta que yo haya expirado,
no me querades dejar.[23]
145 Encomiéndoos[24] a mi madre,
vos la queráis consolar,
que bien creo que mi muerte
su vida habrá de acabar:
encomiéndoos a mi esposa,
150 por ella queráis mirar:
el mayor dolor que siento
es no la poder hablar—.

---

22 **esquivo:** lejano, solitario.
23 **fasta . . . dejar:** no me dejéis hasta que me haya muerto.
24 **Encomiéndoos:** Os recomiendo, os pido que ayudéis (a esta persona).

Doña Alda[1]

En París está doña Alda,
la esposa[2] de don Roldán,
trescientas damas con ella
para bien la acompañar.
5 Todas visten un vestido,[3]

---

1 El tema no es la muerte del paladín Roldán sino los presentimientos que de esa muerte tiene su prometida esposa doña Alda y el efecto de la noticia en ella. En el *Cantar de Roldán* da Carlomagno la noticia de la muerte de su sobrino Roldán a la hermosa Alda, la cual cae muerta a los pies del emperador. Los versos de la *Chanson de Roland* dedicados a la muerte de doña Alda (Aude) son breves y no contienen el sueño présago de desgracia para ella y su prometido esposo. Pero en la refundición rimada que se hizo del *Roland* en el último tercio del siglo XII aparece muy elaborado el sueño de Alda. Los simbolismos —en que figuran un halcón, una águila, veinte osos y una nube negra— los interpreta favorablemente el clérigo Amaugis para consolar a la joven. Este sueño se halla en posteriores versiones francesas y españolas. Es posible que una de las refundiciones —francesa o provenzal— sirviera de fuente común a dos poemas: al poema español, *Roncesvalles* (siglo XIII), del que se conserva sólo un fragmento; y al poema provenzal, *Ronsasvals* (sigle XIV), que narra el episodio de la bella doña Alda con ligeras variantes: Alda se peina entre doce damas, el sueño es de sol y rayo y Alda muere junto al cadáver de Roland. Probablemente el juglar autor de *Roncesvalles,* como lo hizo el de *Ronsasvals,* haría de una camarera de Alda la intérprete de su sueño. En la versión del *Roland* según el ms. de Venecia IV (siglo XIV, mezcla de francés e italiano), Alda muere rodeada de todos después de una prolongada escena en que se hace una larga oración y su hermano Oliveros le habla como si estuviera vivo.

El autor del romance carolingio "En París está doña Alda", inspirado en una gesta española derivada de refundiciones francesas, tuvo el talento de suprimir los detalles melodramáticos de la muerte de Alda; con gran sobriedad artística narra el fin de la joven en los dos últimos versos, primitivos según don R. Menéndez Pidal. Ni doña Alda ni su hermano Oliveros son personajes históricos pero el tema de la muerte de aquélla destaca en la tradición castellana y es aún tradicional entre los judíos sefarditas. El romance podría dividirse en tres partes: (1) descripción de la corte de doña Alda en un castillo medieval, los quehaceres de las damas y el sueño de doña Alda y su violento despertar; los versos 13–14 son versos de enlace. (2) diálogo explicativo: del sueño y la interpretación que hace la camarera "psicoanalista". (3) narración rápida y sobria de la llegada de la funesta noticia y el efecto mortal que produce en doña Alda. En cuanto a las sensaciones, nótese la serenidad del comienzo, el terror producido por el sueño, la calma que sigue, y la tragedia que irrumpe con las cartas escritas en sangre.

2 **esposa:** prometida esposa. Véase más abajo "con la cual ha de casar".

3 **un vestido:** el mismo tipo de vestido.

todas calzan un calzar,
todas comen a una mesa,
todas[4] comían de un pan.
Las ciento hilaban el oro,
10 las ciento tejen cendal,
ciento tañen instrumentos
para a doña Alda alegrar.
Al son de los instrumentos
doña Alda dormido se ha;
15 ensoñado había un sueño,
un sueño de gran pesar.
Despertó despavorida
con un dolor sin igual,
los gritos daba tan grandes,
20 se oían en la ciudad.[5]
—¿Qué es aquesto, mi señora,
qué es lo que os hizo mal?—
—Un sueño soñé, doncellas,
que me ha dado gran pesar
25 que me veía en un monte,
en un desierto lugar,
y de so[6] los montes altos
un azor[7] vide volar;
tras dél viene una aguililla[8]
30 que lo ahincaba[9] muy mal.
El azor con grande cuita
metióse so mi brial;[10]

---

[4] **todas . . . :** Nótese la reiteración: todas, las ciento, ensoñado, sueño.

[5] **los gritos . . . ciudad:** Nótese la hipérbole: los gritos se dan en el castillo y se oyen en la ciudad. También las 300 damas, que no tendría doña Alda pero que suscitan la impresión de lo monumental, son otro ejemplo de hipérbole.

[6] **so:** sobre; uso raro, pues generalmente *so* significa bajo, debajo de.

[7] **azor:** el azor representa a Roldán en *La Chanson*; en el *Roldán rimado,* lo representa un halcón, otra ave rapaz diurna empleada en la caza. No sólo en la épica francesa simbolizan estas aves de caza al héroe en predicciones y sueños; en los *Nibelungos* soñó Crimilda que estaba adestrando un halcón cuando entraron dos águilas y se lo destrozaron; éstas representan al hermano y a un primo de Crimilda y el halcón a Sigfredo su esposo.

[8] **aguililla:** diminutivo de *águila.*

[9] **ahincaba:** estrechaba, atacaba.

[10] **so mi brial:** bajo mi falda.

el águila con gran ira
de allí lo iba a sacar,
35 con las uñas lo despluma,
con el pico lo deshace.—
Allí habló su camarera,
bien oiréis lo que dirá:
—Aquese sueño, señora,
40 bien os lo entiendo soltar;[11]
el azor es vuestro esposo,
que de España viene ya;
el águila sodes[12] vos,
con la cual ha de casar,
45 y aquel monte era la iglesia
donde os han de velar.—[13]
—Si es así, mi camarera,
bien te lo entiendo pagar.—
Otro día de mañana[14]
50 cartas de lejos le traen;
tintas[15] venían de fuera,
de dentro escritas con sangre,
que su Roldán era muerto
en la caza de Roncesvalles.
55 Cuando tal oyó doña Alda,
muerta en el suelo se cae.

Gerineldo[1]

—Gerineldo, Gerineldo,
paje del rey más querido,

---

[11] **soltar:** desatar, resolver, explicar.

[12] **sodes:** sois.

[13] **velar:** se refiere a la velación o ceremonia que consiste en cubrir con un velo a los cónyuges en la misa nupcial después del matrimonio.

[14] **otro día de mañana:** al día siguiente temprano.

[15] **tintas:** (participio irregular de *teñir*) teñidas, manchadas.

[1] El romance de "Gerineldo" cuenta con 164 versiones, antiguas y modernas, contando las de España, Portugal, Marruecos y América. El romance se basa en los

¡quién te tuviera esta noche
en mi jardín florecido!
5 Válgame Dios, Gerineldo,
cuerpo que tienes tan lindo.
—Como soy vuestro criado,
señora, burláis conmigo.
—No me burlo, Gerineldo,
10 que de veras te lo digo.
—¿Y cuándo, señora mía,
cumpliréis lo prometido?
—Entre las doce y la una,
que el rey estará dormido.
15 Media noche ya es pasada.
Gerineldo no ha venido.
"¡Oh, malhaya,[2] Gerineldo,
quien amor puso contigo!"[3]
—Abraisme,[4] la mi señora,
20 abraisme, cuerpo garrido.[5]
—¿Quién a mi estancia se atreve,
quién llama así, a mi postigo?[6]
—No os turbéis, señora mía,
que soy vuestro dulce amigo.
25 Tomáralo por la mano
y en el lecho lo ha metido;
entre juegos y deleites[7]

---

legendarios amores de Eginhardo (Eginardo), cronista de Carlomagno, con Emma, hija del emperador. El nombre de Gerineldo puede ser una derivación de Eginardo. Eginardo (n. en 775) fue secretario de Carlomagno (742–814) y autor de *Vita Karoli Magni Imperatoris,* en que cuenta diez guerras llevadas a cabo por el emperador. Es curioso que dedique más espacio a la guerra en España, cuya duración no pasó de cuatro meses, que a las otras, con excepción de la guerra contra los sajones. En la relación de la derrota de los franceses en el Pirineo (778) se extiende también más que en la conquista de Barcelona y la ocupación de otras ciudades españolas. La leyenda crea una historia fabulosa en la cual Eginardo logra el amor de Emma, prometida del rey de Grecia. El emperador ve que su hija, cuando sale Eginardo de su aposento, lo carga para evitar que deje huellas en la nieve. Los amores, sin embargo, tienen un desenlace feliz pues Carlomagno los hace casar.

2 **malhaya:** maldito sea.

3 **quien . . . contigo:** quien se enamoró de ti.

4 **Abraisme:** abridme.

5 **garrido:** hermoso.

6 **postigo:** puerta.

7 **deleites:** placeres; aquí, placeres eróticos.

la noche se les ha ido,
y allá hacia el amanecer
30 los dos se duermen vencidos.
Despertado había el rey
de un sueño despavorido.[8]
"O me roban a la infanta[9]
o traicionan el castillo."
35 Aprisa llama a su paje
pidiéndole los vestidos:
"¡Gerineldo, Gerineldo,
el mi paje más querido!"
Tres veces le había llamado,
40 ninguna le ha respondido.
Puso la espada en la cinta,
adonde la infanta ha ido;
vio a su hija, vio a su paje
como mujer y marido.
45 "¿Mataré yo a Gerineldo,
a quien crié desde niño?
Pues si matare a la infanta
mi reino queda perdido.
Pondré mi espada por medio
50 que me sirva de testigo."[10]
Y saliose hacia el jardín
sin ser de nadie sentido.
Rebullíase la infanta
tres horas ya el sol salido;
55 con el frior de la espada
la dama se ha estremecido.
—Levántate, Gerineldo,
levántate, dueño mío,
la espada del rey mi padre
60 entre los dos ha dormido.
—¿Y adónde iré, mi señora,
que del rey no sea visto?

---

[8] **sueño despavorido:** sueño lleno de pavor, de espanto. El sueño es frecuente en los romances como anticipo o presagio de una desgracia. El sueño del emperador está justificado.

[9] **infanta:** habla aquí Carlomagno.

[10] **testigo:** pone la espada en señal de acusación.

—Vete por ese jardín
cogiendo rosas y lirios;
65 pesares[11] que te vinieren
yo los partiré contigo.
—¿Dónde vienes,[12] Gerineldo,
tan mustio[13] y descolorido?
—Vengo del jardín, buen rey,
70 por ver cómo ha florecido;
la fragancia de una rosa
la color me ha desvaído.
—De esa rosa que has cortado
mi espada será testigo.
75 —Matadme, señor, matadme,
bien lo tengo merecido.
Ellos en estas razones
la infanta a su padre vino:
—Rey y señor, no le mates,
80 mas dámelo por marido.
O si lo quieres matar
la muerte será conmigo.

Gaiferos y Melisenda[1]

Asentado está Gaiferos
en el palacio real;

---

[11] **pesares:** tristezas.
[12] **¿Dónde vienes?:** ¿De dónde vienes? Habla Carlomagno.
[13] **mustio:** triste, pálido.
[1] El tema de este romance —la liberación de la esposa cautiva— abunda en la literatura: en una canción de gesta y en una novela francesas y en leyendas y romances. Hay múltiples versiones en catalán, portugués y castellano: en unas, cuando Melisenda reconoce a Gaiferos, baja por las escaleras; en otras, se arroja por la ventana o por el balcón y es recogida por su marido en los brazos o en una capa. Pero hay dos Melisendas: la de Gaiferos y la desenvuelta, hija también del emperante. Esta aparece en otro romance, que comienza "Todas las gentes dormían," con un carácter distinto: no duerme, por amores del conde Ayuelos, y decide ir en su busca; en el camino mata al paje Hernandillo para que no la delate al emperador; pasa la noche en casa de Ayuelos, el cual, al descubrir al día siguiente que es la hija del Emperador, va, arrepentido,

asentado al tablero[2]
para las tablas[3] jugar.
5 Los dados tiene en la mano,
que los quiere arrojar,
cuando entró por la sala
don Carlos el emperante.
Desque así jugar lo vido,[4]
10 empezole de mirar;
hablándole está hablando[5]
palabras de gran pesar:
—Si así fuésedes, Gaiferos,
para las armas tomar
15 como sois para los dados
y para las tablas jugar,
vuestra esposa tienen moros,
iríadesla a buscar;[6]

---

a entregarse al emperante, excusándose porque ella se hizo pasar por morica; el padre da Melisenda al conde por mujer. El nombre de Ayuelos se origina en una canción de gesta francesa —*Aïol*— muy divulgada en España. En otra canción, *Amis et Amile,* Belissent, la hija del emperador, tienta en el lecho a Amile, así como había solicitado Luciana a Aïol en el cantar que lleva su nombre. Las dos escenas se mezclan en el romance español en el que los nombres de los protagonistas —Melisenda y Ayuelos— se derivan de Belissent y Aïol.

Carlomagno tuvo cinco esposas. La tercera, Hildegarda, fue madre de tres hijas: Rotruda, Berta y Gisela; la cuarta, Fastradia, tuvo dos: Teoderada (abadesa) e Hiltruda. Dos de sus concubinas fueron madres respectivamente de Rutilda y Adaltruda. (Carlomagno fue padre de seis hijos, que sepamos.) Hasta aquí la historia. En la tradición literaria —en los romances— aparecen dos hijas con el nombre de Melisenda y Emma, bastante desenvueltas (en el romance de "La hija del rey de Francia" es ésta una joven andariega llena de picardía) mas la Melisenda del romance que damos no tiene este carácter. El autor del romance se interesó más por el episodio del rapto.

Este es un romance artístico, no tradicional. El episodio del rapto de Melisenda por su marido Gaiferos luego lo representa Cervantes en el "Retablo de Maese Pedro" en el *Quijote* (Parte II, cap. XXVI). Don Quijote presencia una representación de títeres o muñecos, la cree realidad, y ataca a los moros que persiguen a la pareja, rompiendo los muñecos. Al volver a la realidad y ver lo que ha hecho, da dinero al dueño para compensar los daños causados. Este episodio inspiró una composición musical de Manuel de Falla.

2 **tablero:** tabla sobre la cual se juega al ajedrez o a las damas.

3 **tablas:** juego en que se combinan las damas y los dados.

4 **Desque . . . vido:** Cuando el Emperador vio jugar así a Gaiferos.

5 **hablando:** La repetición del gerundio subraya (acentúa) la acción.

6 **Si así . . . buscar:** Si fueras capaz de tomar las armas como lo eres de jugar a los dados, etc., irías a buscar a tu esposa, mi hija, cautiva de moros.

pésame a mí por ello,
20 porque es mi hija carnal.[7]
De muchos fue demandada[8]
y a nadie quiso tomar;
pues con vos casó por amores,
amores la hayan de sacar;[9]
25 si con otro fuera casada,
no estuviera en cautividad—.
Gaiferos, desque esto vido,
movido de gran pesar,
levantose del tablero,
30 no queriendo más jugar,
y tomáralo en las manos
para haberlo de arrojar,
si no por el que con él juega,
que era hombre de linaje;
35 jugaba con él Guarinos,
almirante de la mar.
Voces da por el palacio
que al cielo quieren llegar;
preguntando va, preguntando,
40 por su tío Roldán.
Halláralo en el patín,[10]
que quería cabalgar;
con él era[11] Oliveros[12]
y Durandarte, el galán;
45 con él muchos caballeros
de aquellos de los doce pares;
Gaiferos, desque lo vido,
empezole de hablar:

---

[7] **mi hija carnal:** Cervantes llama a Carlomagno padre putativo de Melisenda.

[8] **De muchos fue demandada:** Fue pretendida por muchos caballeros (que querían casarse con ella).

[9] **de sacar:** de la cautividad en que está en tierra de moros la sacará el amor que sientes por ella.

[10] **patín:** pequeño patio.

[11] **era:** estaba.

[12] Roldán y Oliveros (Roland y Olivier) eran dos de los Doce Pares. Los otros eran: Ivoire, Ivon, Engelier (el Gascón), Gerin, Gerier, Berengier, Oton, Anseis, Samson, Gérard (de Roussillon), a los que bendice Turpin, el obispo guerrero.

—Por Dios vos ruego, mi tío,
50 por Dios vos quiero rogar,
vuestras armas y caballo
vos me las queráis prestar,
que mi tío el emperante
tan mal me quiso tratar,
55 diciendo que soy para juego
y no para las armas tomar.
Bien lo sabéis vos, mi tío,
bien sabéis vos la verdad,
que pues busqué a mi esposa,
60 culpa no me deben dar.
Tres años anduve triste
por los montes y los valles
comiendo la carne cruda,
bebiendo la roja sangre,
65 trayendo los pies descalzos,
las uñas corriendo sangre.
Nunca yo hallarla pude
en cuanto pude buscar;
agora sé que está en Sansueña,[13]
70 en Sansueña, esa ciudad.
Sabéis que estoy sin caballo,
sin armas otro que tal,
que las tiene Montesinos,
que es ido a festejar
75 allá a los reinos de Hungría
para torneos armar,
pues sin armas y caballo
mal la podré yo sacar;
por eso vos ruego, tío,
80 las vuestras me queráis dar—.[14]

. . . .

Por las sierras de Sansueña,
Gaiferos mal airado[15] va;

---

[13] **Sansueña:** Zaragoza.
[14] **dar:** prestar. Roldán vacila pero por fin le presta su caballo y sus armas.
[15] **airado:** furioso.

las voces que iba dando
al cielo quieren llegar.
85 Maldiciendo iba el vino,
maldiciendo iba el pan,
. . . .
maldiciendo iba al caballero
que cabalgaba sin paje;
si se le cae el espuela,
90 no tiene quien se la calce;
maldiciendo iba el árbol
que solo en el campo nace,
que todas las aves del mundo
en él van a quebrantar,
95 que de rama ni de hoja
al triste no dejan gozar.
Dando estas voces y otras,
a Sansueña fue a llegar.
Viernes era en aquel día,[16]
100 los moros hacen solenidad;
el rey Almanzor va a la mezquita
para la zalá[17] rezar,
con todos sus caballeros
cuantos él pudo llevar.
105 Cuando allegó Gaiferos
a Sansueña, esa ciudad,
miraba si vería alguno
a quien pudiese demandar;
vido un cativo cristiano
110 que andaba por los adarves,[18]
desque le vido Gaiferos,
empezole de hablar:
—Dios te salve, el cristiano,
y te torne en libertad,
115 nuevas que pedirte quiero,
no me las quieras negar.

---

16 **Viernes . . . día:** Gustan los juglares de especificar el día y la hora de los acontecimientos.

17 **zalá:** oración.

18 **adarves:** caminos en lo alto de una muralla.

¿Tú, que andas con los moros,
si le oíste hablar
si hay aquí alguna cristiana
120 que sea de alto linaje?—
El cativo, que le oyera,
empezara de llorar:
—¡Tantos tengo de mis duelos,
que de otros non puedo curar!
125 Que todo el día los caballos
del rey me hacen pensar,[19]
y de noche en honda sima[20]
me hacen aprisionar.
Bien sé que hay muchas cativas
130 cristianas de gran linaje,
especialmente una
que es de Francia natural;
el rey Almanzor la trata
como a su hija carnal;
135 sé que muchos reyes moros
con ella quieren casar;
por eso idvos, caballero,
por esa calle adelante,
verla heis[21] a las ventanas
140 del gran palacio real—.
Derecho se va a la plaza,
a la plaza la más grande.
Allí estaban los palacios
donde el rey solía estar;
145 alzó los ojos en alto
por los palacios mirar,
vido estar a Melisenda
en una ventana grande
con otras damas cristianas
150 que estaban en captividad.
Melisenda, que lo vido,
empezara de llorar,

---

[19] **los caballos . . . pensar:** me hacen cuidar los caballos.
[20] **sima:** cavidad profunda en la tierra.
[21] **verla heis:** habéis de verla, la veréis.

no porque lo conociese
en el gesto ni en el traje,
155 mas en verlo con armas blancas,
recordose de los doce pares,
recordose de los palacios
del emperador, su padre,
de justas,[22] galas,[23] torneos,[24]
160 que por ella solían armar.
Con una voz triste, llorosa,
le empezara de llamar:
—Por Dios os ruego, caballero,
a mí vos queráis llegar;
165 si sois cristiano o moro,
no me lo queráis negar,
darvos he unas encomiendas,[25]
bien pagadas vos serán;
caballero, si a Francia ides,[26]
170 por Gaiferos preguntad;
decidle que la su esposa
se le envía a encomendar,
que ya me parece tiempo
que la debía sacar.
175 Si no me deja por miedo
de con los moros pelear,
debe tener otros amores,
de mí no le dejan recordar:
¡los ausentes, por los presentes
180 ligeros son de olvidar!
. . . .
diréis cómo estó[27] en Sansueña,
en Sansueña, esa ciudad;
que si presto no me sacan,
mora me quieren tornar;

22 **justas**: combate a caballo entre los caballeros armados con lanza.
23 **galas**: vestido y adornos suntuosos.
24 **torneos**: fiestas públicas que consistían en combates a caballo entre caballeros armados.
25 **darvos . . . encomiendas**: os daré un mensaje.
26 **ides**: vais.
27 **estó**: estoy.

185 casarme han con el rey moro
que está allende la mar;[28]
de siete reyes de moros,
reina me hacen coronar;
según los reyes que me traen,
190 mora me harán tornar;
mas amores de Gaiferos
no los puedo yo olvidar—.
Gaiferos, que esto oyera,
tal repuesta le fue a dar:
195 —No lloréis vos, mi señora,
no queráis así llorar,
porque esas encomiendas
vos mesma las podéis dar,
que a mí allá dentro, en Francia,
200 Gaiferos me suelen nombrar.
Yo soy el infante Gaiferos,
señor de París, la grande,
primo hermano de Oliveros,
sobrino de don Roldán;
205 amores de Melisenda
son los que acá me traen—.
Melisenda, que esto vido,
conociole en el hablar,
tirose de[29] la ventana,
210 la escalera fue a tomar,
saliose para la plaza
donde lo vido estar.
Gaiferos, que venir la vido,
presto la fue a tomar;
215 abrázala con sus brazos
para haberla de besar.
Allí estaba un perro moro
para los cristianos guardar;
las voces daba tan altas,
220 que al cielo querían llegar.
Al gran alarido del moro,

---

[28] **allende la mar:** al otro lado del mar.
[29] **tirose de:** se retiró de.

la ciudad mandan cerrar;
siete veces la rodea Gaiferos,
no halla por donde andar.
225 Presto sale rey Almanzor
de la mezquita y el rezar;
veréis tocar las trompetas
apriesa, y no de vagar;[30]
veréis armar caballeros
230 y en caballos cabalgar;
tantos se arman de los moros
que gran cosa es de mirar.
Melisenda, que lo vido,
en una priesa tan grande,
235 con una voz delicada,
le empezara de hablar:
—Esforzado don Gaiferos,
no querades desmayar,
que los buenos caballeros
240 son para necesidad.
¡Si de ésta escapáis, Gaiferos,
harto tenéis que contar!
¡Ya quisiese Dios del cielo
y Santa María, su Madre,
245 fuese tal vuestro caballo
como el de don Roldán!
Muchas veces le oí decir
en palacio del emperante
que si se hallaba cercado
250 de moros en algún lugar,
al caballo aprieta la cincha[31]
y aflojábale el petral;[32]
hincábale las espuelas
sin ninguna piedad;
255 al caballo aprieta la cincha
de otra parte va a saltar—.

---

[30] **y no de vagar:** y no con lentitud.
[31] **cincha:** correa que sujeta la silla al vientre del caballo.
[32] **petral:** correa que rodea el pecho del caballo.

Gaiferos, de que esto oyó,
presto se fuera a apear;
al caballo aprieta la cincha
260 y aflójale el petral;
sin poner pie en el estribo,
encima fue a cabalgar,
y Melisenda a las ancas,
que presto las fue tomar.
265 El cuerpo le da por la cintura
por que le puede abrazar,
al caballo hinca las espuelas
sin ninguna piedad.
Corriendo venían los moros
270 apriesa, y no de vagar;
las grandes voces que daban
al caballo hacen saltar.
Cuando fueron cerca los moros,
la rienda[33] le fue a largar;
275 el caballo era ligero,
púsolo de la otra parte.
El rey Almanzor, que este vido,
mandó abrir la ciudad;
siete batallas de moros
280 todos de zaga[34] le van.
Volviéndose iba Gaiferos
mirando a todas partes;
desque vido que los moros
le empezaban de cercar,
285 volviose a Melisenda,
empezole de hablar:
—No os enojéis vos, mi señora;
fuerza vos será apear,
y en esta grande espesura
290 podéis señora, aguardar,
que los moros son tan cerca
de fuerza nos han de alcanzar;

---

33 **riendas:** las correas del freno de un caballo con las cuales se gobierna a éste.
34 **de zaga:** detrás.

vos, señora, no traéis armas
para haber de pelear;
295 yo, pues que las traigo buenas,
quiérolas ejercitar—.
Apeose Melisenda,
no cesando de rezar;
las rodillas puso en tierra,
300 las manos fue a levantar,
los ojos puestos al cielo
no cesando de rezar;
sin que Gaiferos volviese,
el caballo fue a aguijar.
305 Cuando huía de los moros
parece que no puede andar,
y cuando iba hacia ellos
iba con furor tan grande,
que del rigor que llevaba
310 la tierra hacía temblar.[35]
Donde vido la morisma
entre ellos fue a entrar;
si bien pelea Gaiferos,
el caballo mucho más.
315 Tantos mata de los moros,
que no hay cuento ni par;
de la sangre que de ellos salía
el campo cubierto se ha.
El rey Almanzor, que esto vido,
320 empezara de hablar:
—¡Oh válasme tú, Alá!
¿Esto qué podía estar?[36]
Que tal fuerza de caballero
en pocos se puede hallar.
325 Debe ser el encantado
ese paladín Roldán,
o si es el esforzado

---

[35] **hacía temblar:** hipérbole; las cosas sobrenaturales, en este caso el poder maravilloso del caballo, son características de los romances carolingios.

[36] **válasme . . . estar:** ayúdame, Alá, ¿Qué será esto? Nótese la vacilación entre *ser* y *estar*.

Reinaldos de Montalván,
o es Urgel de la Marcha,
330 esforzado singular;
no hay ninguno de los doce[37]
que bastase hacer tal mal—.
Gaiferos, que esto oyó,
tal repuesta le fue a dar:
335 —Calles, calles el rey moro,
calles, y no digas tal;
muchos otros hay en Francia
que tanto como éstos valen;
yo no soy ninguno de ellos,
340 mas yo me quiero nombrar:
yo soy el infante Gaiferos,
señor de París la grande,
primo hermano de Oliveros,
sobrino de don Roldán—.
345 El rey Almanzor, que lo oyera
con tal esfuerzo hablar,
con los más moros que pudo
se entrara en la ciudad.
Solo quedaba Gaiferos,
350 no halló con quién pelear;
volvió riendas al caballo
para Melisenda buscar;
Melisenda, desque lo vido,
a recebírselo sale;
355 vídole las armas blancas
tintas en color de sangre.
Con una voz triste y llorosa
le empezó a preguntar:
—Por Dios os ruego, Gaiferos
360 Por Dios vos quiero rogar,
si traéis alguna herida
queráismela mostrar;
que los moros eran tantos
quizá vos han hecho mal.

---

[37] **los doce**: los Doce Pares.

365 Con las mangas de mi camisa
vos la quiero yo apretar;
con la toca, que es más grande,
yo os la entiendo sanar.
—Calledes, dijo Gaiferos;
370 infanta, no digades tal,
por más que fueran los moros
no me podían hacer mal,
que estas armas y caballo
son de mi tío don Roldán;
375 caballero que las trae
no podía peligrar.
Cabalgad presto, señora,
que no es tiempo de aquí estar;
antes que los moros tornen,
380 los puertos[38] hemos de pasar—.
Ya cabalgaba Melisenda
en un caballo alazán,[39]
razonando van de amores,
de amores, que no de ál;[40]
385 ni de los moros han miedo,
ni de ellos nada se dan;[41]
con el placer de ambos juntos
no cesan de caminar,
de noche por los caminos,
390 de día por los jarales,[42]
comiendo de las yerbas verdes
y agua si pueden hallar,
hasta que entraron en Francia
y en tierra de cristiandad.[43]

---

[38] **puertos:** pasos entre montañas.
[39] **alazán:** se dice del caballo de color entre rojizo y canela.
[40] **ál:** otra cosa; van hablando de amores y no de otra cosa.
[41] **ni de ellos nada se dan:** ni nada les importan ellos (los moros a Melisenda y Gaiferos).
[42] **jarales:** terrenos donde crecen muchas jaras (especie de arbustos).
[43] **tierra de cristiandad:** países donde habitan cristianos. El romance no termina aún. Los esposos se encuentran con el primo de Gaiferos, Montesinas —que iba en su busca; luego les reciben el emperador y sus pares en París adonde llegan acompañados de los caballeros y damas que se les han unido en el camino.

LOS ROMANCES ARTÚRICOS O DEL CICLO BRETÓN

En la crónica latina de Nennius (s. x) —que narra las luchas entre los celtas de la Gran Bretaña y los sajones— apareció por primera vez el nombre del rey Arturo. Godofredo de Monmouth (m. a mediados del siglo XII) escribió una *Historia regum Britanniae* que desarrolla y completa la crónica de Nennius y da a conocer la leyenda del sabio Merlín y sus profecías y la leyenda arturiana. Robert Wace, con su adaptación —*Brut*— en 1155, de la obra del obispo Godofredo a verso francés, contribuye al conocimiento medieval de estas leyendas. Tanto Wace como Godofredo presentan, no a los valientes y rudos guerreros que se sientan a la mesa redonda del rey Artús —"redonda," para evitar rencillas sobre preferencias— sino a caballeros que son dechados de cortesía. Del mismo siglo XII son los poemas de Chrétien de Troyes sobre Lanzarote, Perseval y el Santo Grial; poemas sobre los trágicos amores de Tristán e Iseo y los poemitas (*lais*) de Marie de France. El *Lancelot* de Chrétien de Troyes se prosificó en 1220 y adquirió importancia europea.

Las prosificaciones de estos temas de comienzos del siglo XIII se pueden encasillar en dos grandes grupos: las que tratan, primero, de las aventuras de los caballeros de la mesa redonda y la aventura del Santo Grial, y segundo, las que versan sobre los amores de Tristán e Isolda. Ya en el siglo XIII se habían hecho compilaciones en prosa, en italiano y en dialecto francovéneto que difunden los temas bretones.

Hasta fines del siglo XIII no se incorporan estos temas a la literatura española y se incorporan de manera incompleta. Los cuatro temas que llegan a España son:

1. el de *Tristán* (ya extendido por Europa en la segunda mitad del s. XII).
2. el de *Percival* (Parsifal) unido al tema del Santo Grial.
3. el de *Lanzarote* (Lancelot).
4. el de *Baladro,* unido al del sabio Merlín.

La materia bretona penetró pronto en Portugal, con la traducción de los *lais* franceses, y fue cantada por sus trovadores. El rey don Diniz, para expresar la profundidad de su amor por una dama, asegura que "el muy enamorado Tristán sé bien que ni amó a Iseo tanto como yo os amo a vos." En 1313 un fraile, Juan Vivas, traduce una trilogía que titula *Historia de la Demanda del Santo Grial.* El interés por los temas bretones aumenta a fines del siglo XIV con la alianza de Portugal con los ingleses y el matrimonio del rey don Juan con Doña Felipa de Lancaster —y hasta tal extremo llegó la exaltación de los cortesanos, que adoptan los nombres de Arturo, Tristán, Lanzarote, Percival, etc. Se escriben novelas —*Tristán, Merlín, Libro de Galaaz.*

En catalán aparece, en 1380, *Lanzarote del Lago,* novela traducida del francés; la novela *Tirant lo blanch,* siglo XV, recoge el tema del Tristán.

En prosa castellana se conserva, del siglo XIV, un fragmento del *Tristán,* tema que había estado de moda en Europa desde el siglo XII. Consta que Isabel la Católica tenía entre sus libros el *Merlín,* la *Historia de Lanzarote* y *La tercera parte del Santo Grial.* En 1498 se imprime en Burgos el *Baladro del sabio Merlín con sus profecías.* De *Lanzarote,* novela que Bohigas Balaguer considera "el mejor modelo antiguo de la novela caballeresca de aventuras," se conservan dos partes. (Véase introducción a Lanzarote.)

Los amores de Tristán e Iseo (o Isolda) —que habían inspirado sendos poemas a poetas anglonormandos de la segunda mitad del siglo XII (Béroul y Thomas)— a comienzos del siglo XIII inspiran una novela francesa de aventuras, que es la fuente de dos versiones en español en los siglos XIII y XIV. En 1501 se publica en Valladolid la traducción de la novela francesa: *Tristán de Leonís,* editada luego varias veces en Sevilla. Fue el poema de Thomas, sobre todo, el que inspiró la ópera de Richard Wagner, *Tristán e Isolda,* 1865.

Los temas bretones entran, pues, en España, relativamente tarde, y a través de Portugal, a fines del siglo XIII, y de Cataluña, y se incorporan a los libros de caballerías pero influyen poco en los romances. Los romances que quedan, hermosos por su lirismo y su melancolía, versan sobre Lanzarote y Tristán. Menéndez Pelayo cree que se originan en los libros de caballerías en prosa. Los héroes de la corte del rey Arturo o Artús, —los caballeros de la Tabla Redonda— con los que se relaciona la leyenda del Santo Grial; los amores de Lanzarote del Lago con la reina Ginebra, los de Tristán e Iseo, Parsifal, Merlín el encantador y su Baladro oscurecen la figura del rey legendario de Bretaña que las hadas llevaron a la isla de Avalón.

Tres hijuelos había el rey[1]

Tres hijuelos había el rey,
tres hijuelos, que no más;
por enojo que hubo de ellos
todos maldito los ha.[2]
5 El uno se tornó ciervo,[3]
el otro se tornó can,
el otro se tornó moro,
pasó las aguas del mar.

Andábase Lanzarote
10 entre las damas holgando,[4]
grandes voces dio la una:

---

1 Este romance, que en algunas ediciones se titula "Lanzarote del Lago," debe de provenir de un poema probablemente francés que se conserva en un texto neerlandés: "Lanzarote y el ciervo del pie blanco." Antonio de Nebrija (1444–1522) lo calificó de antiguo en la época de los Reyes Católicos.

2 **maldito los ha**: El rey ha maldecido a los tres hijos que tenía pero el juglar no nos dice la causa de su enojo.

3 **ciervo**: El romance sólo se ocupa del hijo que se volvió ciervo y del que se volvió perro, pero del que se hizo moro no sabemos nada.

4 **holgando**: divirtiéndose. Habla una dama, no una reina como en otros relatos sobre el mismo asunto. En este verso cambia la asonancia de *a* a *a-o*.

—Caballero, estad parado:
si fuese la mi ventura,
cumplido fuese mi hado[5]
15 que yo casase con vos,
y vos conmigo de grado,[6]
y me diésedes en arras[7]
aquel ciervo del pie blanco.
—Dároslo he yo, mi señora,
20 de corazón y de grado,
si supiese yo las tierras
donde el ciervo era criado—.

Ya cabalga Lanzarote,
ya cabalga y va su vía,[8]
25 delante de sí llevaba
los sabuesos[9] por la traílla.[10]
Llegado había a una ermita,
donde un ermitaño había:
—Dios te salve, el hombre bueno.
30 —Buena sea tu venida:
cazador me parecéis
en los sabuesos que traía.
—Dígasme tú, el ermitaño,
tú que haces santa vida,
35 ese ciervo del pie blanco:
¿dónde hace su manida?[11]
—Quedaisos aquí, mi hijo,
hasta que sea de día,
contaros he lo que vi,
40 y todo lo que sabía.
Por aquí pasó esta noche
dos horas antes del día,

---

[5] **hado**: sino, destino.

[6] **de grado**: de buena gana.

[7] **en arras**: de regalo. *Arras* son trece monedas que el desposado da a la desposada en la ceremonia del matrimonio.

[8] **va su vía**: va por su camino. Aquí se cambia la asonancia a *i-a*.

[9] **sabuesos**: perros de olfato muy fino, pesquisidores que se usan en la caza.

[10] **traílla**: cuerda con que los cazadores llevan atados a los perros.

[11] **manida**: guarida, cueva donde se guarecen los animales.

siete[12] leones con él
y una leona parida.
45 Siete condes deja muertos,
y mucha caballería.
Siempre Dios te guarde, hijo,
por doquier que fuer tu ida,[13]
que quien acá te envió
50 no te quería dar la vida.
¡Ay dueña de Quintañones,
de mal fuego seas ardida,[14]
que tanto buen caballero
por ti ha perdido la vida!

LANZAROTE[1]

Nunca fuera caballero
de damas tan bien servido
como fuera Lanzarote

---

12 **siete:** En la leyenda siete leones defendían al ciervo del pie blanco.
13 **por . . . ida:** por donde quiera que fuera tu ida, por donde vayas.
14 **ardida:** quemada, consumida por el fuego amoroso.
1 Fue Chrétien de Troyes (m. 1195) el primero que llevó realmente a la literatura al personaje de Lanzarote en su poema *El caballero de la carreta* (c. 1170), terminado por Godofredo de Lagni. Lanzarote, al ir a libertar a la reina Ginebra del poder de Meleagant, su raptor, pierde el caballo y se ve obligado a subir en una carreta tirada por un enano. Por vacilar ante lo que cree una humillación—aunque por la dama se hacen las cosas más inauditas—la reina le desprecia; pero pronto acaban por amarse. Según la teoría del amor cortés, el amor no reconoce el matrimonio pero ennoblece al hombre que por su dama es capaz de llevar a cabo las más extraordinarias hazañas. En Alemania entra la materia (c. 1200) con un poema de Ulrich von Zazikhofen —*Lancelet*— en el que Lanzarote recibe el sobrenombre *del Lago* porque en el fondo de un lago le instruyó la maga Viviana. Es una serie de aventuras —duelos, raptos, amores, liberación de una doncella que está en poder de un dragón, etc.— en las que se halla en germen el libro de caballerías. El poema francés se prosifica en 1220 con el título de *Lancelot* y fue esta prosificación la que influyó en la Europa medieval; el episodio de los amores de Lanzarote y la reina Ginebra era el que leían Paolo y Francesca en el canto V del *Infierno* (*Divina comedia*). A la historia de Lanzarote se añade la de su hijo Sir Galahad, que, por ser el más puro de la corte, logra conseguir el Santo Grial o Graal (copa).

cuando de Bretaña vino,
5 que dueñas[2] curaban[3] dél,
doncellas[4] del su rocino.[5]
Esa dueña Quintañona,
ésa le escanciaba[6] el vino,
la linda reina Ginebra
10 se lo acostaba consigo;
y estando al mejor sabor,
que sueño no había dormido,
la reina toda turbada
un pleito ha conmovido;[7]
15 —Lanzarote, Lanzarote,
si antes hubieras venido,
no hablara el orgulloso[8]
las palabras que había dicho,
que a pesar de vos, señor,
20 se acostaría conmigo—.
Ya se arma Lanzarote[9]
de gran pesar conmovido,
despídese de su a miga,

La primera versión italiana de la novela francesa se titula *Historia di Lancillotto del Lago che fu al tempo de Re Artú*; la más conocida —*L'illustre e famosa storia di Lancillotto del Lago che fu al tempo di Re Artú* es del siglo XVI. Posteriormente se escribió un poema y ya en el siglo XX una ópera.

En España se publica, 1380, en catalán *Lanzarote del Lago,* traducida del francés. En 1515 aparece en Toledo *La demanda del Santo Grial, con los maravillosos fechos de Lanzarote y de Galaz su fijo;* y en Sevilla, en 1535, una novela que, a pesar de tener el mismo título que la novela publicada en Toledo, es una obra distinta. En la biblioteca de la reina Isabel se hallaba una *Historia de Lanzarote.*

2 **dueñas:** damas, mujeres principales, casadas.

3 **curaban:** cuidaban, atendían.

4 **doncellas:** mujeres vírgenes.

5 **rocino:** rocín, caballo. En el cap. II de la primera parte del *Quijote* parodia Cervantes los primeros versos de este romance: los recita don Quijote con algunas variantes, adaptándolos a sí mismo: "Nunca fuera caballero/de damas tan bien servido/ como fuera don Quijote/ cuando de su aldea vino./ Doncellas curaban dél;/ princesas del su rocino."

6 **escanciaba:** servía.

7 **un . . . conmovido:** ha empezado a quejarse.

8 **orgulloso:** No nos dice el juglar quién fue el orgulloso que se jactaba de poder conseguir el amor de la reina.

9 **Ya . . . Lanzarote:** Nótese el ritmo acelerado de esta parte del romance, al que contribuye el empleo de verbos con predominio del tiempo presente, que hace más viva la acción; *cortárale*: le cortó.

pregunta por el camino,
25 topó con el orgulloso,
debajo de un verde pino,
combátense de las lanzas,
a las hachas[10] han venido.
Ya desmaya el orgulloso,
30 ya cae en tierra tendido,
cortárale la cabeza,
sin hacer ningún partido;[11]
vuélvese para su amiga,
donde fue bien recibido.

Romance de don Tristán[1]

Herido está don Tristán
de una muy mala lanzada,
diérasela el rey su tío[2]
por celos que de él cataba,[3]
5 diósela desde una torre
con una lanza herbolada;[4]
el hierro tiene en el cuerpo,
de fuera le tiembla el asta.
Mal se queja don Tristán,
10 que la muerte le aquejaba;
preguntando por Iseo
muy tristemente lloraba:

---

10 **hacha:** arma de combate que tiene una pala cortante de filo un poco curvo.

11 **sin . . . partido:** sin apartarse de su propósito.

1 El romance sigue la versión española del *Tristán* impreso en 1501, pero que el Arcipreste de Hita conocía ya en el siglo XIV.

2 **el rey su tío:** El rey Marcos había enviado a su sobrino Tristán en busca de Iseo (o Isolda) con quien iba a casarse; en el viaje de vuelta Iseo y Tristán bebieron una poción mágica que despertó en ellos la gran pasión por la que mueren.

3 **catar:** probar; *ant.* mirar; aquí parece significar tener.

4 **herbolada:** envenenada. Los venenos de la época eran de procedencia vegetal; morir de hierbas significaba morir envenenado.

CARL A. RUDISILL LIBRARY
LENOIR-RHYNE COLLEGE

"¿Qué es de ti, la mi señora?
Mala sea tu tardanza,
15 que si mis ojos te viesen
sanaría esta mi llaga."
Llegó allí la reina Iseo,
la su linda enamorada,
cubierta de paños negros,
20 sin del rey dársele nada:[5]
"¡Quien vos hirió, don Tristán,
heridas tenga de rabia,
y que no hallase maestro[6]
que supiese de sanallas!"
25 Júntanse boca con boca,
juntos quieren dar el alma;
llora el uno, llora el otro,
la tierra toda se baña;
allí donde los entierran
30 nace una azucena blanca.[7]

---

[5] **sin . . . nada:** sin importarle el rey nada.
[6] **maestro:** cirujano.
[7] **una azucena blanca:** flor blanca, sumamente fragante, de una planta liliácea de tallo muy alto. Nótese cómo tiende el romance artúrico a lo maravilloso; en "Tres hijuelos había el rey" se transformaron dos hijos en ciervo y perro respectivamente.

CARL A. RUDISILL LIBRARY
LENOIR-RHYNE COLLEGE

Romances fronterizos y moriscos

En el siglo XV —último de la dominación árabe en España— surge el *romance fronterizo* que equivaldría a la "frontier ballad" inglesa. Se inspira en los acontecimientos contemporáneos ocurridos en la frontera cristiana. En la guerra ya no es la batalla campal lo importante sino las escaramuzas, las correrías de moros y cristianos, el sitio y toma de ciudades moras, la muerte de personajes de segunda fila que contribuyeron modestamente al triunfo de la Reconquista. El alborozo de los cristianos por una victoria corre por las tierras cristianas envuelto en poesía, en romances. Los reyes —Enrique IV y luego don Fernando y doña Isabel— alentaron a los juglares encargando que se compusieran romances y se les pusiera música. El romance servía, pues, de noticiario y de medio de propaganda para alentar a soldados y partidarios.

Mas como la tendencia de los romances es a los finales trágicos y la derrota tiene mayor encanto póetico que el éxito, no es extraño que la mayoría de los romances fronterizos narren las derrotas sufridas por los cristianos y que, según apunta don Ramón Menéndez Pidal, hasta las victorias cristianas prefieran mirarlas desde el campo moro, como derrotas. Por esto cuando se toma Alhama no expresa el juglar la alegría de los cristianos por haber conquistado esa ciudad sino el dolor del moro por haberla perdido. En otras palabras, el punto de vista es moro.

La guerra con el último reino moro —Granada— dio impulso a la creación del romance. Ya no es Castilla el escenario de las proezas sino Andalucía. En la ciudad de Sevilla había establecido su corte el padre de don Pedro I y allí construyó éste su Alcázar.

La mayoría de los romances fronterizos son del siglo XV. Los juglares presencian u oyen de labios fidedignos los acontecimientos que reproducen con precisión geográfica e histórica pero poetizan la realidad y al enemigo lo tratan con nobleza. Son estos romances fronterizos el último brote de la épica nacional.

Hallamos en ellos huellas de influencia árabe, v.g. el hablar a una ciudad como si fuera una novia y el dar un tono elegíaco a los romances cuyo tema es la pérdida de una ciudad.

Los *romances moriscos* presentan también escenas bélicas y además amorosas pero, aunque escritos por cristianos, el punto de vista es moro. El juglar se sitúa en la posición del enemigo y trata de dar el sentir de éste, sus reacciones, su espíritu, lo mismo que hizo el autor anónimo de la novelita *El Abencerraje,* en la cual se exaltan, tanto en el caballero moro como en el cristiano, la generosidad, la valentía, el cumplimiento de la palabra, el honor y la cortesía.

Ginés Pérez de Hita (1544–1619?), soldado que había luchado en las Alpujarras contra los moriscos que se habían rebelado, escribe otra novela morisca, de extensas proporciones, en la que introduce romances fronterizos y moriscos. Y se pone de moda el disfraz morisco para expresar el poeta sus sentimientos —como hace Lope de Vega— o simplemente para dar un ambiente exótico, como hace Góngora. Y no se trata sólo de poesía y de novela; también penetran en el teatro del Siglo de Oro los temas moriscos.

Los poetas románticos del siglo XIX, como Zorrilla, escriben bien *Orientales,* bien dramas románticos de tema morisco, como el drama en prosa *Aben-Humeya* de Martínez de la Rosa. En el extranjero se siente predilección por los romances moriscos; como dice Montesinos: "fuera de España, mantuvieron el prestigio del Romancero castellano junto a los más vetustos y más acendradamente tradicionales." Chateaubriand, Washington Irving y sir Walter Scott, para citar sólo a tres extranjeros, sintieron la atracción de los romances fronterizos y moriscos.

ROMANCES FRONTERIZOS

Cerco de Baeza[1]

Cercada tiene a Baeza
ese arráez[2] Andalla Mir
con ochenta mil peones,[3]
caballeros cinco mil.
5 Con él va ese traidor,
el traidor Pero Gil.[4]
Por la puerta de Bedmar
la empieza de combatir;
ponen escalas al muro,
10 comienzan le a conquerir;
ganada tiene una torre,
non le pueden resistir,
cuando de la de Calonge[5]
escuderos vi salir.
15 Ruy Fernández va delante,

---

[1] Romance compuesto en 1368. Es, según D. Ramón Menéndez Pidal, "el primer romance fronterizo que ha llegado a nosotros"; a pesar de la brevedad, sólo veinte octosílabos, predomina el estilo informativo pormenorista con las cifras de los combatientes, con el nombre de los capitanes, con nombre de una puerta y una torre de Baeza; y sin embargo, a tanto pormenor se mezcla una gran rapidez de concepción y una característica fórmula intuitiva: "escuderos vi salir".

[2] **arráez:** caudillo árabe o morisco.

[3] **peones:** soldados que luchan a pie, soldados de infantería.

[4] **Pero Gil:** apodo con que Enrique de Trastámara designaba a su medio hermano el rey don Pedro I el Cruel o el Justiciero.

[5] **la de Calonge:** se sobrentiende *torre*.

aquese caudillo ardid;[6]
arremete con Andalla,
comienza de le ferir,[7]
cortado le ha la cabeza;
20 los demás dan a fuir.[8]

Álora, la bien cercada[1]

Álora, la bien cercada,
tú que estás en par del río,
cercote el Adelantado
una mañana en domingo,
5 de peones y hombres de armas
el campo bien guarnecido;[2]
con la gran artillería
hecho te habían un portillo.[3]
Viérades[4] moros y moras
10 subir huyendo al castillo;[5]
las moras llevan la ropa,
los moros harina y trigo,
y las moras de quince años
llevaban el oro fino,

---

6 **ardid** (ant.): valiente.
7 **ferir**: herir.
8 **fuir**: huir

1 En el año 1434 sitió a Álora el general de la frontera (el Adelantado) a quien D. Ramón Menéndez Pidal llama Diego de Ribera y don Pedro Salinas, Sotomayor, conde de Belalcázar. Fijémonos en el procedimiento lírico que emplea el autor de este romance épico: apostrofa a la ciudad mora, "Álora, la bien cercada", "tú que estás en par del río", "te cercó el Adelantado".
2 **bien guarnecido**: bien provisto, bien equipado.
3 **portillo**: brecha o agujero en las murallas, abierto a cañonazos.
4 **Viérades**: Viérais; podíais ver.
5 **castillo**: Nótese que hasta aquí los detalles son precisos: históricos, temporales. Entonces empieza la subjetivización de la realidad con el desfile de moros y moricos que suben a guarecerse en el castillo. En la huida nos da el juglar detalles de lo que comen y distribuye lo que cargan, poetizándolo todo, todo con un sentido de orden. La enumeración comienza con "Viérades", como en los poemas épicos franceses.

15 y los moricos pequeños
llevan la pasa[6] y el higo.[7]
Por encima del adarve[8]
su pendón llevan tendido.
Allá detrás de una almena
20 quedado se había un morico
con una ballesta armada
y en ella puesto un cuadrillo.[9]
En altas voces diciendo
que del real le han oído:
25 —¡Tregua, tregua,[10] Adelantado,
por tuyo se da el castillo!
Alza la visera arriba[11]
por ver el que tal le dijo:
asestárale[12] a la frente,
30 salido le ha al colodrillo.[13]
Sacole Pablo de rienda
y de mano Jacobillo,
estos dos que había criado
en su casa desde chicos.[14]
35 Lleváronle a los maestros[15]
por ver si será guarido;[16]
a las primeras palabras
el testamento les dijo.[17]

---

6 **pasa:** uva seca.

7 **higo:** fruto de la higuera, que también se seca, esto es se le reduce el jugo.

8 **adarve:** camino en lo alto de una muralla.

9 **cuadrillo:** saeta de madera, de forma cuadrangular, que se usaba antiguamente.

10 **Tregua:** Equivale aquí a: "no más guerra; nos rendimos; bandera blanca".

11 **Alza . . . arriba:** El Adelantado alza la visera del casco que le protegía la cabeza.

12 **asestárale:** le asestó, le clavó la flecha.

13 **colodrillo:** parte posterior de la cabeza; por ella le ha salido al Adelantado la saeta que le entró por la frente.

14 **chicos:** Nótese la contenida ternura con que menciona el juglar a Pablo y Jacobillo, criados en casa del Adelantado desde chicos.

15 **maestros:** los que podrían curarle, los cirujanos.

16 **si será guarido:** si se le podrá curar.

17 **les dijo:** Aunque el poeta elude el verbo *morir,* sabemos que murió el Adelantado. El romance termina sin ningún lamento, lo que le da mayor emoción. Recuérdese que los romances fronterizos daban noticias de lo que ocurría en la frontera; de ahí la rapidez con que se repetían por el reino.

ROMANCE DE FAJARDO[1]

Jugando estaba el rey moro,
y aun[2] al ajedrez un día,
con aquese buen Fajardo
con amor que le tenía.
5 Fajardo jugaba a Lorca,
y el rey moro a Almería;
jaque[3] le dio con el roque,[4]
el alférez[5] le prendía.
A grandes voces dice el moro:
10 —La villa de Lorca es mía—.
Allí hablara Fajardo,
bien oiréis lo que decía:
—Calles, calles, señor rey,
no tomes la tal porfía,
15 que aunque me la ganases,
ella no se te daría;
caballeros tengo dentro
que te la defenderían—.
Allí hablara el rey moro,
20 bien oiréis lo que decía:
—No juguemos más, Fajardo,

---

1 **Fajardo**: D. Alonso Yáñez Fajardo, famoso guerrero del siglo XV. Jugaba al ajedrez con el rey de Granada; el cristiano juega a la ciudad de Lorca; el moro, a Almería. Nótese que, a pesar de la guerra, había relaciones de amistad entre los enemigos y que el rey granadino admira a "tan buen caballero" como era "aquese buen Fajardo". Fitzmaurice Kelly apuntó que este romance se compuso después de 1460; según José Gella Iturriaga, es el "primer romance fronterizo de tiempo de Enrique IV".

2 **y aun**: remplaza a *jugando*. Véase la nota sobre el *y aun* en el romance "Muerte de Ruy Velázquez".

3 **jaque**: lance del juego de ajedrez en que el rey de un bando se ve amenazado por una pieza del otro bando.

4 **roque**: torre de ajedrez.

5 **alférez**: abanderado en el ejército, *ant.*; subteniente, *moderno* (del árabe *fâris*: jinete, caballero, derivado de *fáras*, árabe). Dice Corominas: que no tiene relación con *alférez* el castellano *alferza* "la reina del ajedrez", del árabe *fárza*.

ni tengamos más porfía,
que sois tan buen caballero,
que todo el mundo os temía.[6]

Muerte de Sayavedra[1]

¡Río-verde, Río-verde,
más negro vas que la tinta!
Entre ti y Sierra Bermeja[2]
murió gran caballería.
5 Mataron a Ordiales,
Sayavedra huyendo iba;
con el temor de los moros
entre un jaral[3] se metía.
Tres días ha, con sus noches,
10 que bocado no comía;
aquejábale la sed
y la hambre que tenía.
Por buscar algún remedio
al camino se salía;
15 visto lo habían los moros
que andan por la serranía.
Los moros desque lo vieron,
luego[4] para él se venían.
Unos dicen: ¡Muera, muera!
20 Otros dicen: ¡Viva, viva!
Tómanle entre todos ellos;
bien acompañado iba.

---

6 **temía:** teme. Nótese la brevedad de este romance.

1 **Sayavedra:** Juan de Sayavedra, guerrero sevillano y alcaide (gobernador de un castillo) de Jimena, murió en 1448 en Granada por no querer renegar de su fe cristiana. Este romance fue luego transferido y adaptado a la muerte de don Alonso Aguilar en 1501. De Ordiales no hemos podido encontrar información.

2 **Sierra Bermeja:** sierra al sudoeste de Málaga.

3 **jaral:** terreno en el que crecen muchas jaras (matas o arbustos).

4 **luego:** pronto.

Allá le van a presentar
al rey de la morería.
25 Desque el rey moro lo vido
bien oiréis lo que decía:
—¿Quién es ese caballero
que ha escapado con la vida?
—Sayavedra es, señor,
30 Sayavedra el de Sevilla,
el que mataba tus moros
y tu gente destruía,
el que hacía cabalgadas[5]
y se encerraba en su manida.[6]
35 Allí hablara el rey moro,
bien oiréis lo que decía:
—Dígasme tú, Sayavedra,
si Alá[7] te alargue la vida,
si en tu tierra me tuvieses,
40 ¿qué honra tú me harías?
Allí habló Sayavedra,
de esta suerte le decía;
—Y te lo diré, señor,
nada no te mentiría:[8]
45 si cristiano te tornases,
grande honra te haría;
y si así no lo hicieses,
muy bien te castigaría,
la cabeza de los hombros
50 luego te la cortaría.
—Calles, calles, Sayavedra,
cese tu malenconía;[9]
tórnate moro si quieres,
y verás qué te daría.
55 Darte he villas y castillos
y joyas de gran valía.

---

5 **cabalgada:** recorrido que hacían las tropas de guerreros por el campo enemigo.
6 **manida:** guarida, cueva donde se refugian los animales; aquí, sitio donde se ponía en seguridad Sayavedra.
7 **si Alá:** así Alá, ojalá.
8 **nada no te mentiría:** en nada te mentiré.
9 **malenconía:** melancolía.

Gran pesar ha Sayavedra
de esto que decir oía.
Con una voz rigurosa,
60 de esta suerte respondía:
—Muera, muera Sayavedra;
la fe no renegaría,
que, mientras vida tuviere,
la fe yo defendería.
65 Allí hablara el rey moro
y de esta suerte decía:
—Prendeldo,[10] mis caballeros,
y dél me haced justicia.[11]
Echó mano a su espada,[12]
70 de todos se defendía;
mas como era uno solo,
allí hizo fin su vida.

---

10 **prendeldo:** metátesis (o sea alteración de sonidos de una palabra) por *prendedlo.*
11 **dél me haced justicia:** castigadlo.
12 **Echó mano a su espada:** Sayavedra tomó la espada, la sacó.

ROMANCES MORISCOS

La pérdida de Alhama[1]

Paseábase el rey moro
por la ciudad de Granada,
desde la puerta de Elvira
hasta la de Vivarrambla.
5 ¡Ay de mi Alhama![2]
Cartas le fueron venidas
que Alhama era ganada;
las cartas echó en el fuego
y al mensajero matara.
10 ¡Ay de mi Alhama!
Descabalga de una mula
y en un caballo cabalga;[3]
por el Zacatín[4] arriba

---

1 Este romance elegíaco fue traducido por varios poetas, entre ellos por Lord Byron al inglés y por Hans Christian Andersen al danés, quien cita además varios romances españoles en su libro *Spanien,* 1863, resultado de su viaje a España.

Alhama: ciudad granadina; fue conquista por don Rodrigo Ponce de León en 1482. Reinaba entonces Muley Abdul Hasán, padre de Boabdil el Chico. En la poesía árabe se hallan a menudo elegías inspiradas en la pérdida de una ciudad, tema que se hallará también en los romances fronterizos.

2 **¡Ay de mi Alhama!:** El estribillo expresa el dolor del moro porque el autor cristiano se sitúa, como es corriente en el romance morisco, en el estado de ánimo del vencido. Lord Byron lo tradujo mal ("Woe is me, Alhama!") por una coma mal puesta después de *mi* en la versión que tenía. Debe traducirse: "Woe my Alhama".

3 **cabalga:** Nótese que la prisa del rey por llegar a la Alhambra que se indica en el cambio de caballería (el caballo es más rápido) va paralela al cambio del tiempo: del pasado al presente.

4 **Zacatín:** calle de Granada.

subido se había al Alhambra.
15 ¡Ay de mi Alhama!
Como en el Alhambra estuvo,
al mismo punto mandaba
que se toquen sus trompetas,
sus añafiles[5] de plata.
20 ¡Ay de mi Alhama!
Y que las cajas de guerra[6]
apriesa[7] toquen al arma,[8]
porque lo oigan los moros,
los de la Vega y Granada.
25 ¡Ay de mi Alhama!
Los moros que el son[9] oyeron
que al sangriento Marte llama,
uno a uno y dos a dos
juntado se ha gran batalla.
30 ¡Ay de mi Alhama!
Allí[10] habló un moro viejo,
de esta manera hablara:
"¿Para qué nos llamas, rey,
para qué es esta llamada?"
35 ¡Ay de mi Alhama!
"Habéis de saber, amigos,
una nueva desdichada;[11]
que cristianos de braveza[12]
ya nos han ganado Alhama".
40 ¡Ay de mi Alhama!
Allí habló un alfaquí[13]
de barba crecida y cana:

---

5 **añafil:** trompeta recta que usaban los moros. El empleo de *añafiles* y, abajo, de *alfaquí* da sabor oriental. Tras las impresiones visuales, las auditivas; luego más adelante, las sentimentales.

6 **cajas de guerra:** tambores.

7 **apriesa** (ant.): aprisa.

8 **al arma:** a las armas: para que se preparen a combatir.

9 **el son:** el sonido, el rumor.

10 **Allí:** Entonces.

11 **nueva desdichada:** una noticia triste.

12 **de braveza:** muy valientes.

13 **alfaquí:** doctor de la ley entre los musulmanes.

"¡Bien se te emplea, buen rey,
buen rey, bien se te empleara![14]
45 ¡Ay de mi Alhama!
Mataste los Bencerrajes,[15]
que eran la flor de Granada;
cogiste los tornadizos[16]
de Córdoba la nombrada.
50 ¡Ay de mi Alhama!
Por eso mereces, rey,
una pena muy doblada:
que te pierdas tú y el reino,
y aquí se pierda Granada".[17]
55 ¡Ay de mi Alhama!

Morilla de un bel catar[1]

Yo me era mora Moraima.[2]
morilla de un bel catar;
cristiano vino a mi puerta,
cuitada por me engañar.
5 Hablome en algarabía,[3]

---

14 **empleara:** Nótese la intensificación que se produce con estos dos versos paralelísticos.

15 **Bencerrajes:** los Abencerrajes, familia noble de Granada, muertos a traición por los rivales (los Zegríes y Gomeles), instigados por el rey mismo. Abindarráez logró escapar.

16 **tornadizos:** los que cambian de creencia. Alude a los Zegríes, que vivían en Córdoba, ciudad cristiana.

17 El parlamento del alfaquí expresa el destino trágico que aguarda a Granada la cual pasará a poder de los cristianos en 1492.

1 Uno de los recursos literarios que emplea mucho el Romancero es el poner el relato en boca del o de la protagonista. Nótese que Encina sigue el mismo procedimiento en "Yo me estaba reposando".

morilla: (dim. de *mora*), por ser joven.

bel catar (ant.): bello mirar, buen ver. Nótese el ritmo rápido y cómo el carácter fragmentario del romance morisco novelesco le da un tono de misterio.

2 **Moraima:** Fijémonos en la aliteración de la *m* en este verso y en casi todo el romance.

3 **algarabía:** lengua árabe.

como aquel que la bien sabe:[4]
—Ábrasme la puerta, mora,
si[5] Alá te guarde de mal.
—¿Cómo te abriré, mezquina,
10 que no sé quién te serás?
—Yo soy el moro Mazote,
hermano de la tu madre,
que un cristiano dejó muerto;
tras mí venía el alcalde:
15 si no me abres tú, mi vida,
aquí me verás matar.
Cuando esto oí, cuitada,
comenceme a levantar;
vistiérame una almejía,[6]
20 no hallando mi brial,[7]
fuérame para la puerta
y abrila de par en par.[8]

Abenámar[1]

—Abenámar, Abenámar,
moro de la morería,[2]
el día que tú naciste
grandes lunares[3] había.
5 Estaba la mar en calma,
la luna estaba crecida:

---

[4] **que la bien sabe:** que sabe bien (la lengua).
[5] **si:** así.
[6] **almejía:** manto pequeño de tela basta que usaban los moros de España.
[7] **brial:** túnica de seda que llevaban las mujeres ceñida a la cintura.
[8] **de par en par:** enteramente. El fin de la aventura se lo imaginaba el auditorio.
[1] **Abenámar:** Es el infante moro Abenalmao a quien el rey don Juan II de Castilla reconoció como rey de Granada al rendirse la ciudad en la campaña de 1431.
[2] **de la morería:** del reino moro de Granada.
[3] **lunares:** señales de la luna, augurios; alude a la creencia en que los astros influyen sobre la suerte de las personas. Fijémonos en los detalles poéticos.

moro que en tal signo nace,
no debe decir mentira—.
Allí respondiera el moro,
10 bien oiréis lo que decía:
—Yo te la diré,[4] señor,
aunque me cueste la vida
porque soy hijo de un moro
y una cristiana cautiva;
15 siendo yo niño y muchacho
mi madre me lo decía:
que mentira no dijese,
que era grande villanía;
por tanto, pregunta, rey,
20 que la verdad te diría.[5]
—Yo te agradezco, Abenámar,
aquesa tu cortesía.
¿Qué castillos son aquéllos?
¡Altos son y relucían![6]
25 —El Alhambra[7] era, señor,
y la otra la mezquita:
los otros los Alixares,[8]
labrados a maravilla.
El moro que los labraba
30 cien doblas[9] ganaba al día,
y el día que no los labra
otras tantas se perdía.
El otro es Generalife,[10]
huerta que par no tenía;

---

[4] **Yo te la diré:** Yo te diré la verdad.

[5] **te diría:** te diré.

[6] **relucían:** Nótese la vitalidad que da el cambio de tiempos: *son, relucían, era.* Estos cambios, típicos del Romancero, se verán en todo este romance.

[7] **Alhambra:** una de las grandes obras arquitectónicas que dejaron los moros en España. Era natural el asombro del rey ante el espectáculo, que tenía a la vista, de castillos y torres relucientes.

[8] **mezquita, Alixares:** Ni la mezquita ni el palacio de los Alixares existen ya.

[9] **doblas:** monedas antiguas, de oro.

[10] **Generalife:** palacete de verano cerca de la Alhambra, notable por sus hermosos jardines.

35 el otro Torres Bermejas,[11]
castillo de gran valía—.
Allí habló el rey don Juan,
bien oiréis lo que decía:
—Si tú quisieses, Granada,
40 contigo me casaría,[12]
darete en arras[13] y dote[14]
a Córdoba y a Sevilla.
—Casada soy, rey don Juan,
casada soy, que no viuda;
45 el moro que a mí me tiene,
muy grande bien me quería.

Boabdil[1] y Vindaraja

En Granada está el rey moro,
que no osa salir della;
de las torres del Alhambra[2]
mirando estaba la vega,

---

11 **Torres Bermejas:** palacio rojo, no lejos de la Alhambra.

12 **casaría:** El considerar a la ciudad como una novia se deriva de la costumbre de los poetas árabes de llamar "esposo" al señor de una región. Según Menéndez Pidal, "esta imagen no se halla en ninguna literatura medieval sino en la castellana". Las ciudades más bellas, esto es, Córdoba y Sevilla, eran cristianas. Nótese la gracia con que Granada rechaza a don Juan. Compárese el modo en que el autor de este romance enfoca el tema del cerco de una ciudad con la manera en que lo desarrolla el poeta que escribió *Álora la bien cercada*. La acción aquí se representa; salvo cuatro versos de enlace, todo es diálogo; la declaración de amor es lírica y estilizada.

13 **arras:** monedas que al casarse entrega el marido a la esposa.

14 **dote:** dinero y propiedades que lleva la mujer al matrimonio.

1 **Boabdil:** Apodado "el rey chico" por su baja estatura, fue el último rey moro de Granada; reinó de 1482 a 1492. Murió en Africa en 1527 combatiendo al lado del rey de Fez contra los enemigos de éste.

2 **Alhambra:** Por su color rojizo la fortaleza granadina recibió de los moros el calificativo de *al-Hamra* (la roja). Nótese el empleo del artículo masculino delante de un nombre que aunque comienza con *a* no lleva el acento en la primera sílaba; hoy decimos la Alhambra.

5 miraba los sus moricos
cómo corrían la tierra;
el semblante tiene triste,
pensando está en Antequera;[3]
de los sus ojos llorando,
10 estas palabras dijera:
—¡Antequera, villa mía,
oh, quién nunca te perdiera!
Ganote el rey don Fernando[4]
de quien cobrar no se espera.
15 ¡Si le pluguiese[5] al buen rey
hacer conmigo una trueca,[6]
que le diese yo a Granada
y me volviese a Antequera!
No lo he yo[7] por la villa,
20 que Granada mejor era,[8]
sino por una morica
que estaba dentro della,
que en los días de mi vida
yo no vi cosa más bella.
25 Blanca es y colorada,
hermosa como una estrella.
Sus cabellos son más que oro,
que el oro dellos naciera.
Las cejas arcos de amor,
30 de condición placentera.
Y los ojos, dos saetas
que en mi corazón pusiera.

---

[3] **Antequera:** Fue sitiada por hambre por las tropas castellanas al mando del infante don Fernando y ocupada el 24 de septiembre de 1410; el sitio había comenzado en abril. El infante fue luego el rey Fernando I de Aragón, donde reinó de 1412 a 1416. Fue abuelo de Fernando V, el rey Católico. Al situar la conquista en la época del "rey chico", el poeta de esta versión se desentiende de la historia.

[4] **Fernando:** Boabdil se refiere al rey Fernando V el Católico y no al verdadero conquistador de Antequera, Fernando I, muerto en 1416, mucho antes de nacer "el rey chico". Al juglar no le preocupaba la exactitud histórica.

[5] **Si le pluguiese:** imper. subj. irreg. de *placer,* si quisiera.

[6] **trueca:** cambio; hoy diríamos trueque o trueco.

[7] **No lo he yo:** No lo digo yo; no lo entiendo yo.

[8] **mejor era:** es mejor.

Sus manos Deiphebo[9] son,
no fue tan graciosa Elena.
35 ¡Ay, morica, que mi alma
presa tienes en cadena![10]

[9] **Deiphebo:** de Efebo. Se podría interpretar "de adolescente", como lo interpretó Durán. A Febo (Apolo) se le representa como un adolescente resplandeciente y enemigo de las impurezas; el poeta podría querer decir "de manos blancas y jóvenes". En cambio, F. López Estrada tiene otra interpretación: "creo que no son 'manos' sino 'males' y el Deiphebo citado debe de ser el Deiphobus que casó con Helena y fue muerto por Menelao, según cuenta la *Eneida* (VI, v. 495) y también la *Iliada.* El enlace inmediato con el nombre de Helena apoya esta hipótesis; entonces el verso sería: 'De Deifobo son sus males (en el sentido de desgraciada como él) y graciosa como Helena'."

[10] Fijémonos en la construcción del romance en tres partes: 10 versos para situar al protagonista; 10 versos dedicados al lamento por la pérdida de Antequera; 16 dedicados a la alabanza de la morica; el madrigal termina con un apóstrofe a la amada. La lamentación por la pérdida de Antequera adquiere un tono lírico-amoroso.

Romances novelescos y líricos

Agotados los temas heroicos e histórico-nacionales, se amplía la temática yendo en busca de nuevas fuentes: la *Biblia,* la mitología, la literatura clásica, Alejandro Magno y otros personajes históricos. Pero no son estos romances los de mayor interés para el lector moderno. Temas más humildes son los que interesan y los que interesaron al auditorio —pequeños dramas domésticos como lo son las historias de amor, de cautivos de guerra, las venganzas femeninas, la infidelidad conyugal, la boda estorbada, la vuelta del esposo tras años de ausencia y las señas que da a su mujer, la malquerida, la muchacha que se viste de hombre para ir a la guerra, la fabulosa visita de la Muerte, dolores de ausencia, milagros religiosos, etc. Son temas universales, muchos de los cuales llegan de Francia pero en los que el juglar español imprime un sello muy personal, v.g. el modo cómo trata las cuestiones del honor.

Muchos romances novelescos son líricos a la vez. "El prisionero", por ejemplo, es a la par una canción de mayo (una maya) y un lamento del hombre que se ve privado de libertad; "Fonte-frida" es la historia de un amor imposible y un símbolo; "El conde Arnaldos" es la exaltación de la música en un ambiente de misterio y lirismo.

Recursos líricos que emplea el juglar son formas exclamativas, frases paralelísticas, estribillos y la anáfora. Con estos pocos elementos, la brevedad y la delicadeza en el sentimiento —por lo regular, amoroso— se logra una expresión poética atinada. Los novelescos son romances de más acción y generalmente con más diálogo.

Incluimos en esta sección dos romances de tema religioso: "Camina la Virgen pura", un sencillo milagro mariano, y "Pa misa diba un galán" —más dramático que novelesco— en el cual se hallan en embrión el personaje de don Juan y la leyenda del doble convite.

La serranilla[1] de la Zarzuela

Yo me iba mi madre
a Villa Reale,[2]
errara yo el camino
en fuerte lugare.[3]
5 Siete días anduve
que no comí pane,
cebada mi mula,[4]
carne el gavilane.[5]
Entre la Zarzuela
10 y Darazutane,
alzara[6] los ojos
hacia do el sol nace;
vide[7] una cabaña,
della el humo sale.
15 Picara[8] mi mula,
fuime para allá;
perros del ganado
sálenme a ladrar;

---

1 **serranilla:** una composición lírica, en versos de arte menor generalmente, que relata el encuentro de un caballero con una pastora o serrana. A la descripción de ésta sigue la declaración de amor de aquél, a quien la muchacha acepta o rechaza. Es tema de la lírica medieval que adopta el autor de este romancillo de versos hexasílabos y heptasílabos.

2 **Villa Reale:** Villa Real; así se llamó lo que es hoy Ciudad Real. La *e* paragógica que se añade a Real, lugar, pan, gavilán, Darazután hace que estas palabras se conviertan en llanas y rimen en asonancia con *nace* y *sale*. Nótese que luego la asonancia es *a* y al final *a-e*.

3 **en fuerte lugare:** en un lugar abrupto, desierto, salvaje.

4 **cebada mi mula:** mi mula no comió cebada.

5 **carne el gavilane:** ni comió carne el gavilán, ave rapaz de la familia del halcón.

6 **alzara:** yo alcé.

7 **vide:** vi.

8 **Picara:** piqué, espoleé.

vide una serrana
20 del bello donaire.
—Apeaos, caballero,[9]
vergüenza no hayades,[10]
mi padre y mi madre
fueron al lugar,
25 beberéis de la leche
mientras el queso se hace.

La hija del rey de Francia

De Francia[1] partió la niña,
de Francia la bien guarnida,[2]
íbase para París,
do padre y madre tenía.
5 Errado lleva el camino,
errada lleva la guía;[3]
arrimárase a un roble[4]
por esperar compañía.
Vio venir un caballero
10 que a París lleva la guía.
La niña, desque lo vido,
de esta suerte le decía:
—Si te place, caballero,
llévesme en tu compañía.

---

[9] **Apeaos, caballero:** En las serranillas del Arcipreste de Hita algunas veces la que se declaraba era la serrana. Aquí no llega a tanto pero es la primera que habla y la que invita al caballero a desmontarse y entrar en la casa, aunque sus padres están en la aldea (lugar).

[10] **no hayades:** no hayáis, no tengáis, vergüenza, timidez.

[1] **Francia:** Es característica del romance novelesco la imprecisión geográfica.

[2] **bien guarnida:** bien equipada, bien provista de todo lo necesario. La acción de este romance se sitúa en un país extranjero, como era frecuente en los romances novelescos.

[3] **Errado . . . guía:** Estos dos versos son ejemplo de paralelismo; acentúan la idea de que la niña se ha perdido.

[4] **arrimárase a un roble:** se arrimó, se apoyó en un roble.

15 —Pláceme —dijo—señora,
pláceme —dijo— mi vida.
Apeóse del caballo
por hacelle[5] cortesía;
puso la niña en las ancas;
20 y él subiérase en la silla.
En el medio del camino
de amores la requería.[6]
La niña, desque lo oyera,
díjole con osadía:
25 —Tate, tate,[7] caballero,
no hagáis tal villanía;
hija soy de un malato[8]
y de una malatía;
el hombre que a mí llegase
30 malato se tornaría.
Caballero con temor
palabra no respondía.
A la entrada de París
la niña se sonreía.
35 —¿De qué vos reís, señora.
de qué vos reís, mi vida?
—Ríome del caballero
y de su gran cobardía,
¡tener la niña en el campo
40 y catarle cortesía![9]
Caballero con vergüenza
estas palabras decía:
—Vuelta,[10] vuelta, mi señora,
que una cosa se me olvida.
45 La niña como discreta,

---

5 **hacelle:** hacerle.

6 **de amores la requería:** solicitó, pretendió su amor.

7 **Tate, tate:** detente. La duplicación era frecuente en los romances, unas veces del verbo, otras del nombre.

8 **malato:** leproso, que tiene lepra. En la Edad Media los leprosos andaban por las calles y tocaban unas tablillas unidas por un cordel para que la gente se apartara.

9 **catarle cortesía:** ser cortés con ella. Nótese la malicia de la princesa al burlarse del caballero.

10 **Vuelta:** Regresemos.

dijo: —Yo no volvería,
ni persona, aunque volviese,
en mi cuerpo tocaría;
hija soy del rey de Francia[11]
50 y de la reina Constantina;
el hombre que a mí llegase
muy caro le costaría.

Don Boyso[1]

Camina don Boyso,
mañanita fría,
a tierra de Campos
a buscar amiga.[2]
5 Hallola lavando
en la fuente fría.
—¿Qué haces ahí, mora,
hija de judía?
Deja a mi caballo
10 beber agua fría.
—Reviente el caballo
y quien lo traía:
que yo no soy mora,
ni hija de judía.
15 Soy una cristiana,
que aquí estoy cativa

---

[11] **rey de Francia:** aquí, Carlomagno.

[1] **Don Boyso:** don Bueso en otras versiones. Es un romancillo hexasílabo. En el poema germánico *Kudrun,* del siglo XIII, del que deriva una antigua balada que es fuente de "Don Bueso", sufre cautiverio la joven princesa que da nombre al poema. Durante trece años, Kudrun sufre malos tratos de parte de la reina Gerlinda, que la obliga a hacer los trabajos domésticos más bajos. Lavando la ropa de la reina en el río, la encuentran su hermano y el novio y la libertan de su sufrimiento. En el romance español no aparece el novio. El reconocimiento es sólo entre hermanos, como es general en las ficciones poéticas. El ambiente es de lucha entre moros y cristianos.

[2] **amiga:** amante.

lavando los paños
de la morería.
—Si fueras cristiana,
20 yo te llevaría,
y en paños de seda
yo te envolvería;
pero si eres mora
yo te dejaría—.
25 Montola a caballo
por ver qué decía;
en las siete leguas
no hablara la niña.
Al pasar un campo
30 de verdes olivas,
por aquellos prados,
¡qué llantos hacía!
—¡Ay prados! ¡Ay prados![3]
¡Prados de mi vida!
35 ¡Cuando el rey mi padre
plantó aquí esta oliva,
él se la plantara,
yo se la tenía:[4]
la reina mi madre
40 la seda torcía;
mi hermano don Boyso
los toros corría! . . .
—¿Y cómo te llamas?
—Yo soy Rosalinda;
45 que así me pusieron,
porque al ser nacida,
una linda rosa
n'el pecho tenía!
—¡Pues tú, por las señas,
50 mi hermana serías!

---

[3] **prados:** Con la expresión de su alegría por ver prados y olivares la niña mezcla la nostalgia que siente por sus padres y su hermano y apunta una tarea o una diversión de cada uno al recordarlos. Nótese cómo el empleo de la anáfora (es decir, la repetición de una palabra) acelera el movimiento.

[4] **tenía:** sostenía.

¡Abra, la mi madre,
puertas de alegría;
por traerle nuera,
tráigole su hija!
55 —Para ser tu hermana,
¡qué descolorida!
—Madre, la mi madre,
mi madre querida;
que hace siete años
60 que yo no comía,
sino amargas yerbas
de una fuente fría
do culebras cantan,
caballos bebían . . .—.
65 Metiola en un cuarto,
sentola en la silla.
—¡Mi jubón de grana,[5]
mi saya[6] querida,
que te dejé nueva
70 y te hallo rompida![7]
—Calla, hija, calla,
hija de mi vida;
que quien te echó[8] ésa
otra te echaría.
75 —¡Mi jubón de grana,
mi saya querida,
que te dejé nueva
y te hallo rompida!
—Calla, hija, calla,
80 hija de mi vida;
que aquí tienes madre
que otra te echaría—.
Caminó don Boyso
que partir quería

---

[5] **jubón de grana:** corpiño rojo; es una parte del vestido que cubre desde los hombros hasta la cintura, ajustada al cuerpo.
[6] **saya:** falda.
[7] **rompida:** *Rota* es la forma moderna.
[8] **echó:** dio.

85 a tierra de moros
a buscar amiga.

Romance del conde Sol[1]

Ya se publican las guerras
entre España y Portugal
y al conde Sol le nombraron
por capitán general.
5 La condesa, como es niña,
no hacía sino llorar:
acaban de ser casados
y se tienen que apartar.
—¿Cuántos días, cuántos meses,
10 piensas estar por allá?
—Deja los meses, condesa,
por años debes contar;
si a los tres años no vuelvo,
viuda te puedes llamar.
15 Pasan los tres y los cuatro,
pasan seis y pasan más,[2]
y el conde Sol no volvía,
ni nuevas suyas fue a dar;
ojos de la condesita
20 no dejaban de llorar.
Un día estando a la mesa,
su padre la empieza a hablar:
—Deja el llanto, condesita,
nueva vida tomarás;

---

1 Este romance tiene como tema principal la boda frustrada, estorbada; la peregrinación de la condesita en traje de romera (peregrina) es amorosa.

2 **Pasan los tres . . . más:** Nótese el pasar del tiempo; siete años era el plazo que guardaba la mujer para considerarse viuda del marido que había marchado a la guerra. Fijémonos en cómo al alternar la narración con el diálogo se apresura el ritmo.

25 condes y duques te piden,
te debes, hija, casar.
—Carta en mi corazón tengo
de que el conde vivo está;
no lo quiera Dios del cielo
30 que yo me vuelva a casar.
Se retiró a su aposento,
llora que te llorarás;[3]
se quitó medias de seda,
de lana las fue a calzar.
35 Esportilla de romera[4]
sobre el hombro se echó atrás,
cogió el bordón[5] en la mano
y se fue a peregrinar.
Anduvo siete reinados,
40 morería y cristiandad;
anduvo por mar y tierra,
no pudo al conde encontrar.
Jornada de todo un día
en medio la hubo andar;[6]
45 llegada frente a un castillo,
al conde Sol fue a encontrar,
y arriba vio estar la novia
con quien se iba a desposar.
—Dame limosna, buen conde,
50 por Dios y su caridad.
Echó la mano a un bolsillo,
un real[7] de plata le da.
—Para tan grande señor
poca limosna es un real.
55 —Pues pida la romerica,[8]
que lo que pida tendrá.

---

[3] **llora que te llorarás:** Las dos formas del verbo unidas por *que* o *que te* acentúan la acción, dándole carácter repetido e insistente.

[4] **Esportilla de romera:** Zurrón o bolsa que llevan los peregrinos.

[5] **bordón:** bastón alto.

[6] **Jornada . . . andar:** En medio día se andaba la jornada de todo un día.

[7] **real:** moneda de moderado valor.

[8] **romerica:** dim. de *romera,* peregrina. El diminutivo le da un tono afectuoso.

—Yo pido ese anillo de oro
que en tu dedo chico está.
Abriose de arriba abajo
60 el hábito de sayal.[9]
Al mirarla en aquel traje,
cayose el conde hacia atrás;
ni con agua ni con vino
no le pueden recordar,[10]
65 si no es con palabras dulces
que la romera le da . . .
La novia bajó llorando,
al ver al conde mortal,
y abrazado a la romera
70 se lo ha venido a encontrar.
—Con ella vuelvo a mi tierra.
Adiós, señores, quedad.[11]
Quédese con Dios la novia
vestidita y sin casar,
75 que los amores primeros
son muy malos de olvidar.
¡Ay, amor!
son muy malos de olvidar.[12]

La bella malmaridada[1]

—La bella malmaridada
de las lindas que yo vi,

---

[9] **el hábito de sayal:** el vestido de peregrina.

[10] **recordar:** despertar, hacer volver en sí. Hoy no se usa *recordar* en esta acepción.

[11] **Adiós . . . quedad:** Quedad con Dios, señores.

[12] **son . . . olvidar:** Nótese la repetición de este verso y la intromisión de un verso tetrasílabo; recuérdese que estos romances se cantaban.

[1] **malmaridada:** mal casada. Es romance de extracción extranjera y se difundió e imitó de tal manera que justifica los siguientes versos: "¡Oh bella malmaridada,/a qué manos has venido,/mal casada y mal trovada,/de los poetas tratada/peor que de tu marido!"

mírote triste, enojada,
la verdad dila tú a mí.
5 Si has de tomar amores,
vida, no dejes tú a mí;
que a tu marido, señora,
con otras dueñas[2] lo vi,
festejando y retozando,
10 mucho mal dice de ti;
juraba y perjuraba
que te había de ferir.[3]
Allí[4] habló la señora,
allí habló y dijo así:
15 —Sácame tú, el caballero,
tú sacásesme[5] de aquí;
por las tierras donde fueres
bien te sabría yo servir;
yo te haría bien la cama
20 en que hayamos de dormir,
yo te guisaré la cena
como a caballero gentil,
de gallinas y capones
y otras cosas más de mil;
25 que a este mi marido
ya no le puedo sufrir,
que me da muy mala vida,
cual vos bien podéis oir.
Ellos en aquesto estando,[6]
30 su marido helo[7] aquí:
—¿Qué hacéis, mala traidora?
¡Hoy habedes de[8] morir!
—¿Y por qué, señor, por qué?,
que nunca os lo merecí.

---

[2] **dueñas:** damas.
[3] **ferir:** herir.
[4] **Allí:** Entonces.
[5] **tú sacásesme:** si tú me sacases.
[6] **en aquesto estando:** estando hablando de esto.
[7] **helo:** aquí está. *He*, partícula que se une a un pronombre o a los adverbios —*aquí* o *allí*— para indicar a una persona; en este verso, "su marido helo aquí", el empleo del pronombre y del adverbio recalca la aparición súbita del marido.
[8] **habedes de:** habéis de, tenéis que.

35 Nunca besé a hombre,
mas[9] hombre besó a mí;
las penas que él merecía,
señor, daldas[10] vos a mí;
con riendas[11] de tu caballo,
40 señor, azotes a mí,
con cordones de oro y sirgo[12]
viva ahorques a mí.
En la huerta de los naranjos
viva entierres tú a mí,
45 en sepultura de oro
y labrada de marfil;
y pongas encima un mote,
señor, que diga así:
"Aquí está la flor de las flores[13]
50 por amores murió aquí;
cualquiera que muere de amores
mándese enterrar aquí,
que así hice yo, mezquina,
que por amar me perdí."

Blanca-niña[1]

—Blanca sois, señora mía,
más que el rayo del sol:

---

9 **mas:** tampoco.

10 **daldas:** dadlas; se sobrentiende **penas o castigos.** La metátesis es frecuente en los romances.

11 **riendas:** las correas del freno de un caballo con las cuales se gobierna a éste.

12 **sirgo:** seda. Nótese el tono lírico de este final y, además, cómo pide la mal casada que se la castigue por una falta que no pasó de ser un deseo.

13 **flores:** este verso del epitafio y el tercero son eneasílabos (o sea, de 9 sílabas).

1 Este romance tiene una composición semejante a la de "La bella malmaridada": diálogo de la mujer con un hombre que no es su marido, luego con éste, y al final, petición de la mujer para que su marido le dé la muerte. La figura de Blanca-niña pertenece a la literatura francesa; la vuelta del marido, a Italia. Los dos temas se funden con un final trágico. Blanca-niña reconoce que merece la muerte por adúltera y la pide.

¿Si la dormiré[2] esta noche
desarmado y sin pavor?[3]
5 Que siete años había, siete,
que no me desarmo, no.
Más negras tengo mis carnes
que un tiznado carbón.[4]
—Dormilda, señor, dormilda,[5]
10 desarmado sin temor,
que el conde es ido a la caza
a los montes de León.
—Rabia le mate los perros,[6]
y águilas el su halcón,
15 y del monte hasta la casa,
a él le arrastre el morón—.[7]
Ellos, en aquesto estando,
su marido que llegó:
—¿Qué hacéis la Blanca-niña,
20 hija de padre traidor?
—Señor, peino mis cabellos,[8]
péinolos con gran dolor,
que me dejáis a mí sola
y a los montes os vais vos.
25 —Esa palabra, la niña,
no era sino traición:
¿cúyo[9] es aquel caballo
que allá abajo relinchó?
—Señor, era de mi padre,
30 y envióoslo[10] para vos.
—¿Cúyas son aquellas armas
que están en el corredor?[11]

---

[2] **Si la dormiré:** ¿si podré dormir? (la noche)
[3] **desarmado y sin pavor:** sin armas y sin temor.
[4] **tiznado carbón:** carbón oscuro, negro.
[5] **dormilda:** dormidla; se sobrentiende *la noche*. Otro ejemplo de metátesis.
[6] **Rabia . . . perros:** Ojalá sus perros mueran de rabia.
[7] **morón:** posiblemente, aquí, toro joven. Nótese cómo el amante acumula maldiciones.
[8] **cabellos:** Nótese que con frecuencia en los romances se halla a la niña peinándose.
[9] **¿cúyo?:** ¿de quién? Se ha perdido el uso de *cuyo* como interrogativo.
[10] **envióoslo:** os lo envió.
[11] **corredor:** pasillo interior de una casa.

—Señor, eran de mi hermano,
y hoy os las envió.
35 —¿Cúya es aquella lanza,
desde aquí la veo yo?
—Tomalda, conde, tomalda,[12]
matadme con ella vos,
que aquesta muerte, buen conde,
40 bien os la merezco yo.

El conde Olinos[1]

Madrugaba[2] el conde Olinos,
mañanita de San Juan,[3]
a dar agua a su caballo,
a las orillas del mar.
5 Mientras el caballo bebe
canta un hermoso cantar;
las aves que iban volando
se paraban a escuchar:
—Bebe mi caballo, bebe;
10 Dios te me libre[4] de mal,

---

12 **tomalda:** tomadla.

1 Este romance novelesco es un breve drama no sólo por la forma dialogada sino por la patética historia de los amores del conde y la infantina. Los primeros ocho versos son narrativos; nos presentan la situación: un caballero canta en la madrugada de San Juan mientras su caballo bebe. El efecto de la canción precede a ésta; las aves que se paraban a escucharla recuerdan el mito de Orfeo, cuya música conmovía a toda la naturaleza. A la canción dirigida a su caballo, sigue el diálogo entre la reina —que confunde la canción con la que canta la sirena— y su hija la infantina. Vuelve el romance a la forma narrativa en los últimos ocho versos en los que se notifica la muerte del conde, por medios violentos, y la de su amada, de puro dolor. El fin se precipita rápida y concisamente. Hay otra versión de este romance, de fin más extenso y detallado, sin el encanto sobrio de la que damos.

2 **Madrugaba:** Se había levantado muy temprano.

3 **mañanita de San Juan:** día mágico, en que todo es posible, en el solsticio del verano, fiesta pagana asimilada por el cristianismo.

4 **te me libre:** Este *me* es un dativo ético; acentúa el interés y el afecto que siente el conde por su caballo.

de los vientos de la tierra
y de las furias del mar.
Desde las torres más altas[5]
la reina le oyó cantar . . .
15 —Mira, hija, cómo canta
la sirena de la mar.[6]
—No es la sirenita, madre,
que ésa tiene otro cantar.
Es la voz del conde Olinos
20 que por mí penando[7] está.
—Si es la voz del conde Olinos,
yo le mandaré matar;
que para casar contigo
le falta la sangre real.
25 —No le mande matar, madre,
no le mande usted matar;
que si mata al conde Olinos,
a mí la muerte me da.
Guardas mandaba la reina
30 al conde Olinos buscar,
que le maten a lanzadas[8]
y echen su cuerpo a la mar.
La infantina[9] con gran pena
no cesaba de llorar.
35 El murió a la medianoche,
y ella a los gallos cantar.[10]

---

[5] **las torres más altas:** Notemos cómo basta este detalle para que nos imaginemos un palacio.

[6] **sirena de la mar:** Es otro recuerdo mítico. Nos recuerdan las sirenas que con su canto causaban la muerte de los hombres y a las que oyó Ulises atado a un mástil.

[7] **penando:** sufriendo, sintiéndose triste.

[8] **lanzadas:** golpes de lanza, de pica.

[9] **infantina:** princesa.

[10] **a los gallos cantar:** cuando empezaron a cantar los gallos.

El enamorado y la Muerte

Un sueño soñaba anoche,
soñito[1] del alma mía,
soñaba con mis amores[2]
que en mis brazos los tenía.
5 Vi entrar señora tan blanca
muy más[3] que la nieve fría.
—¿Por dónde has entrado, amor?
¿Cómo has entrado, mi vida?
Las puertas están cerradas,
10 ventanas y celosías.
—No soy el amor, amante:
la Muerte[4] que Dios te envía.
—¡Ay, Muerte tan rigurosa,[5]
déjame vivir un día![6]
15 —Un día no puede ser,
una hora tienes de vida.
Muy de prisa se calzaba,
más de prisa se vestía;
ya se va[7] para la calle,
20 en donde su amor vivía.
—¡Abreme la puerta, blanca,
ábreme la puerta, niña![8]

---

1 **soñito:** El diminutivo de *sueño* parece hacer más suave el efecto dramático de los siguientes versos.

2 **mis amores:** mi amada.

3 **muy más:** mucho más

4 **la Muerte:** Se sobrentiende *Soy*.

5 **rigurosa:** cruel.

6 **déjame . . . día:** Aquí empieza la agonía del tiempo que irá aumentando en los siguientes versos.

7 **ya se va:** Este uso del presente apresura el ritmo, así como la frase adverbial *muy de prisa* y el adverbio *ya*.

8 **¡ábreme la puerta, niña!:** Este verso y el anterior son ejemplo de paralelismo y recalcan la angustia del joven.

—¿Cómo te podré yo abrir
si la ocasión no es venida?
25 Mi padre no fue al palacio,
mi madre no está dormida.
—Si no me abres esta noche,
ya no me abrirás, querida;
la Muerte me está buscando,
30 junto a ti vida sería.[9]
—Vete bajo la ventana
donde labraba y cosía,[10]
te echaré cordón de seda
para que subas arriba,
35 y si el cordón no alcanzare[11]
mis trenzas añadiría.
La fina seda se rompe;
la Muerte que allí venía;
—Vamos, el enamorado,
40 que la hora ya está cumplida.[12]

Rosa fresca[1]

—Rosa fresca, rosa fresca,
tan garrida[2] y con amor,

---

9 **vida sería:** morir en tus brazos sería igual que vivir.

10 **donde . . . cosía:** donde labro (bordo) y coso.

11 **alcanzare:** futuro de subjuntivo, desusado hoy. Diríamos *alcanzara* o *alcanzase*. Nótese cómo la joven se angustia también y olvida el recato que muestra en los primeros versos.

12 **cumplida:** terminada. El fin rápido se debe al hilo que se rompe. Contra la Muerte no ha podido nada el amor. Nótese que casi todo el romance es diálogo dramático por la angustia del tiempo; los dos últimos versos muestran lo implacable y sobria que es la Muerte; el fracaso del amor, en oposición al tiempo y a la Muerte, es un fin romántico que recuerda algunas baladas alemanas. Sólo hay seis versos descriptivos, de tono impersonal: los cuatro que comienzan "Muy de prisa" y los dos que empiezan: "La fina seda". Según don Ramón Menéndez Pidal, procede este romance de uno de Juan del Encina, "Yo me estando reposando", que se hallará más adelante.

1 **Rosa fresca:** nombre amoroso que el cantor da a su amada.

2 **garrida:** hermosa.

cuando vos[3] tuve en mis brazos,
no vos supe servir,[4] no;
5 y agora que os serviría
no vos puedo haber, no.
—Vuestra fue la culpa, amigo
vuestra fue, que mía no;
enviásteme una carta
10 con un vuestro servidor,
y en lugar de recaudar[5]
él dijera otra razón:[6]
que érades[7] casado, amigo,
allá en tierras de León:
15 que tenéis mujer hermosa
y hijos como una flor.
—Quien os lo dijo, señora,
no vos dijo verdad, no;
que yo nunca entré en Castilla
20 ni allá en tierras de León,
sino cuando era pequeño,
que no sabía de amor.

Fonte-frida[1]

Fonte-frida, Fonte-frida,
Fonte-frida y con amor,
do todas la avecicas
van tomar consolación,

---

3 **vos:** os.
4 **servir:** cortejar, hacer la corte a una dama; amar.
5 **en lugar de recaudar:** en vez de dar el mensaje (que enviaste).
6 **razón:** mensaje, informe.
7 **érades** (arc.): erais, estabais (casado).
1 **Fonte-frida:** fuente fría (*frida:* arcaico por *fría,* del latín *frigida*). Al lirismo de este romance novelesco contribuyen la anáfora, los diminutivos tiernos y el carácter simbólico: la fuente fría es la fuente del amor; la tortolica es la viuda fiel; el ruiseñor, el enamorado que quiere ser servidor (el que corteja o enamora a una dama). La tórtola, según la tradición medieval, una vez muerto el tórtolo no vuelve a amar. Los senti-

5 si no es la Tortolica,
que está viuda y con dolor.
Por allí fuera a pasar[2]
el traidor de Ruiseñor;
las palabras que le dice
10 llenas son[3] de traïción:
—Si tú quisieses, señora,
yo sería tu servidor.
—Vete de ahí, enemigo,
malo, falso, engañador,
15 que ni poso[4] en ramo verde
ni en prado que tenga flor;
que si el agua hallo clara,
turbia la bebía yo;[5]
que no quiero haber marido[6]
20 porque hijos no haya,[7] no;
no quiero placer con ellos,
ni menos consolación.
¡Déjame, triste enemigo,
malo, falso, ruin traidor,
25 que no quiero ser tu amiga
ni casar contigo, no!

El infante Arnaldos

¡Quién hubiera tal ventura[1]
sobre las aguas del mar

---

mientos humanos están encarnados en dos aves, a manera de apólogo (fábula). El crítico inglés J. Fitzmaurice Kelly ha escrito que este romance es "una maravilla de gracia y de ternura".

[2] **fuera a pasar:** pasó por casualidad.

[3] **llenas son** (ant.): están llenas.

[4] **ni poso:** no me poso, no reposo.

[5] **turbia . . . yo:** yo la bebo turbia (obscurecida, sin transparencia) para sufrir más.

[6] **haber marido:** tener marido.

[7] **no haya:** no tenga.

[1] **Quién . . . ventura:** Quién pudiera tener felicidad igual. Este primer verso nos despierta la curiosidad: ¿en qué consistió la ventura del infante? En esta versión nos quedamos sin saberlo pero en otras versiones se explica.

como hubo el infante Arnaldos
la mañana de San Juan!
5 Andando a buscar la caza
para su falcón cebar,[2]
vio venir una galera[3]
que a tierra quiere llegar;[4]
las velas trae de seda,[5]
10 la jarcia[6] de oro torzal,[7]
áncoras[8] tiene de plata,
tablas de fino coral.
Marinero que la guía
diciendo viene un cantar,[9]
15 que la mar ponía en calma
los vientos hace amainar;[10]
los peces que andan al hondo,
arriba los hace andar;
las aves que van volando,
20 al mástil vienen posar.
Allí[11] habló el infante Arnaldos,
bien oiréis lo que dirá:
—Por tu vida, el marinero,
dígasme ora ese cantar.[12]
25 Respondiole el marinero,
tal respuesta le fue a dar:
—Yo no digo mi canción
sino a quien conmigo va.[13]

---

[2] **para . . . cebar:** para dar de comer a su halcón.

[3] **galera:** embarcación baja movida por muchos remos.

[4] **quiere llegar:** se acerca lentamente.

[5] **de seda:** Nótese la descripción de esta galera tan rara, sobrenatural, en este y los siguientes versos.

[6] **jarcia:** los palos, velas, etc. de una embarcación.

[7] **oro torzal:** cordón de oro retorcido.

[8] **áncoras** (poét.): anclas.

[9] **diciendo . . . cantar:** va cantando una canción.

[10] **los vientos . . . amainar:** hace perder la fuerza a los vientos. Nótese el efecto mágico del canto, que recuerda el mito de Orfeo.

[11] **Allí:** Entonces.

[12] **dígasme . . . cantar:** dime el secreto de tu canción.

[13] **sino . . . va:** Esta versión del romance tiene un fin brusco y por lo tanto más poético y misterioso que el romance completo en el que los servidores iban buscando al infante perdido y lo hallan; ésta es, pues, la ventura a la que se aludía en el comienzo. Se ha interpretado al marinero como la Iglesia que llama al pecador y como la Muerte

ROMANCE DE LA CONSTANCIA[1]

Mis arreos[2] son las armas,
mi descanso el pelear,
mi cama las duras peñas,[3]
mi dormir siempre velar.
5 Las manidas son escuras,[4]
los caminos por usar,[5]
el cielo con sus mudanzas
ha por bien de me dañar;[6]
andando de sierra en sierra
10 por orillas de la mar,
por probar si mi ventura
hay lugar donde avadar.[7]
Pero por vos, mi señora,
todo se ha de comportar.[8]

---

que llama al hombre. El poeta don Pedro Salinas creía que el marinero podía ser la atracción de la vida: "Hay que aprender la vida embarcándose en la vida", decía don Pedro.

1 Este romance novelesco es un fragmento de un romance viejo. El hecho de estar fragmentado le da cierto encanto; en esta versión no sabemos nada de la dama de quien se queja el héroe, ni tampoco del mismo héroe. ¿Es un caballero moro o cristiano? ¿Le corresponde su dama o permanece ella indiferente ante su amor? Los primeros doce versos describen los sufrimientos del guerrero y su interminable vagar por las sierras y las orillas del mar. Es evidente su anhelo de sosiego. Los dos últimos versos terminan la queja con un gesto galante, propio del romance caballeresco: por servir a la mujer amada se ha de soportar el sufrimiento. Que fue un romance muy popular lo prueba el diálogo que sostiene don Quijote con el ventero (Parte I, cap. II). Dice don Quijote: "Mis arreos son las armas,/ mi descanso, el pelear", a lo que responde el ventero: "Según eso, las camas de vuestra merced serán las duras peñas y su dormir, siempre velar . . ."

2 **arreos:** adornos. Nótese la serie de contrastes en los primeros cuatro versos.

3 **peñas:** rocas; nótese la elipsis (aquí, omisión del verbo) en este verso y el siguiente.

4 **Las . . . escuras:** Las cuevas (donde duermo o me refugio) son oscuras.

5 **por usar:** primitivos, no frecuentados.

6 **ha . . . dañar:** tiene por cosa justa el hacerme sufrir.

7 **por probar . . . avadar:** a ver si puedo reposar de mi (mala) suerte.

8 **comportar:** sufrir.

ROMANCE DEL PRISIONERO[1]

Que por mayo[2] era por mayo,
cuando face la calor,[3]
cuando los trigos encañan[4]
y están los campos en flor,
5 cuando canta la calandria[5]
y responde el ruiseñor,
cuando los enamorados
van a servir al amor;
sino yo triste, cuitado,[6]
10 que vivo en esta prisión;
que ni sé cuándo es de día
ni cuándo las noches son,
sino por una avecilla
que me cantaba al albor.[7]

---

1 En este breve romance los primeros ocho versos son un canto alegre a la venida de la primavera (una *maya*, canción de mayo o sea de primavera), cuando el amor florece igual que la naturaleza. Los ocho siguientes son el lamento del cautivo que no puede disfrutar de esa primavera. Se resume la tragedia final en los dos últimos versos: la muerte de la avecilla y la imprecación final. El tono lírico se ha transformado en dramático. Don Pedro Salinas dijo que merecía este romance "estar a la cabeza, en tiempo e intensidad, de las elegías de la soledad en lengua española".

2 **Que por mayo:** (Dicen) que (esto sucedió) hacia el mes de mayo. "Ese *que* del primer verso... es un sello folklórico. Es cópula con un pasado... es el gesto que invita a saltar sin lógica en medio de una situación vital; es el *que* épico de los relatos que cuentan lo que es público, el *que* de las habladurías y de la charla con sobrentendidos, el *que* con un *dicen* presupuesto, el *dicen que* alusivo a una tradición corriente o que empieza a correr." (Este comentario es de Enrique Anderson Imbert, conocido crítico argentino contemporáneo.)

3 **la calor** (ant. y vulgar hoy): el calor. Nótese el proceso que emplea el autor para describir rápidamente la llegada de la primavera: la temperatura (el calor); lo visual (trigo, flor); lo auditivo (cantos); lo psíquico (el amor).

4 **encañan:** empiezan a formar cañas los tallos de los trigos (u otros cereales).

5 **calandria:** pájaro de canto armonioso.

6 **cuitado:** triste. Se reitera la tristeza del cautivo.

7 **al albor:** al llegar el alba.

15 Matómela un ballestero;[8]
¡dele Dios mal galardón![9]

DELGADINA[1]

El buen rey tenía tres hijas
muy hermosas y galanas;
la más chiquita dellas
Delgadina se llamaba.
5 —Delgadina de cintura,
tú has de ser mi enamorada.
—No lo quiera Dios del cielo
ni la Virgen soberana
que yo enamorada fuera
10 del padre que me engendrara—.[2]
El padre, que tal oyó,
la encerrara[3] en una sala.
Non la daban de comer
más que de carne salada;
15 non la daban de beber,
sino zumo[4] de naranja.
A la mañana otro día[5]

---

8 **Matómela un ballestero:** Me la mató un ballestero, hombre que maneja la ballesta, arma que servía para lanzar flechas, etc. El *me* es un dativo de interés; expresa el cariño que el prisionero sentía por la avecilla.

9 **dele . . . galardón:** ojalá que Dios le castigue; maldición o imprecación que resume la desesperación del cautivo.

1 Este romance, tan extendido por España y por América, es uno de los muchos que versan sobre el tema de la malquerida, o sea de la mujer a quien alguien ama incestuosamente. El incesto no se llega a consumar porque cuando va a rendirse Delgadina, por la sed que la devora, la muerte la libera y ocurre el milagro de los ángeles. En algunas variantes su nombre cambia a Silvana o a Margarita.

2 **que me engendrara:** que me engendró, que me dio la vida.

3 **la encerrara:** la encerró.

4 **zumo:** jugo o líquido que se saca de las frutas, la carne, etc.

5 **A la . . . otro día:** A la mañana siguiente. Nótese que se repiten no sólo las palabras sino la situación.

se asomara a la ventana
y viera a su madre en bajo
20 en silla de oro sentada:
—Mi madre, por ser mi madre,
púrrame[6] una jarra d'agua,
porque me muero de sede[7]
y a Dios quiero dar el alma!
25 —Calla tú, perra maldita;
calla tú, perra malvada;
siete años que estoy contigo,
siete años soy mal casada—.
A la mañana otro día
30 se asomara a otra ventana;
vio a sus hermanas en bajo,
filando[8] seda labrada.
—¡Hermanas, las mis hermanas,
purriíme una jarra d'agua,
35 que ya me muero de sede
y a Dios quiero dar el alma!
—Primero te meteríamos
esta encina[9] por la cara—.
Se asomara al otro día
40 a otra ventana más alta;
vio a sus hermanos que en bajo
taban[10] tirando la barra:[11]
—¡Hermanos, por ser hermanos,
purriíme una jarra d'agua,
45 que ya me muero de sede
y a Dios quiero dar el alma!
—Non te la doy, Delgadina;
non te la damos, Delgada,
que si tu padre lo sabe
50 nuestra vida es ya juzgada—.

---

6 **púrrame:** súbame.
7 **sede:** sed.
8 **filando:** hilando.
9 **encina:** árbol típico del paisaje castellano.
10 **taban:** pop. por *estaban.*
11 **la barra:** Era un juego de la época.

Se asomara al otro día
a otra ventana más alta,
y vio a su padre que en bajo
paseaba en una sala:
55 —¡Mi padre, por ser mi padre,
púrrame una jarra d'agua,
porque me muero de sede
y a Dios quiero dar el alma!
—Darételа, Delgadina
60 si me cumples la palabra.[12]
—La palabra cumplirela,
aunque sea de mala gana.
—Acorred, mis pajecicos,
a Delgadina con agua;
65 el primero que llegase[13]
con Delgadina se casa;
el que llegare postrero
su vida será juzgada—.
Unos van con jarros de oro,[14]
70 otros con jarros de plata . . .
Las campanas de la iglesia
por Delgadina tocaban.
El primero que llegó,
Delgadina era finada.[15]
75 La cama de Delgadina
de ángeles está cercada;
bajan a la de su padre,
de demonios coronada.

---

12 **si . . . palabra:** si haces lo prometido; aquí: si haces lo que yo quiero.
13 **el primero que llegase:** el primero que llegue, el primero en llegar.
14 **Unos . . . de oro:** Nótese la rapidez del ritmo de aquí en adelante, que contrasta con el carácter reiterativo del resto del romance.
15 **El primero . . . finada:** El primero que llegó halló muerta a Delgadina.

La misa de amor

Mañanita de San Juan,[1]
mañanita de primor,
cuando damas y galanes
van a oir misa mayor.[2]
5 Allá va la mi señora,
entre todas la mejor;
viste saya[3] sobre saya,
mantellín de tornasol,[4]
camisa[5] con oro y perlas
10 bordada en el cabezón.[6]
En la su boca muy linda
lleva un poco de dulzor;
en la su cara tan blanca,
un poquito de arrebol,[7]
15 y en los sus ojuelos garzos[8]
lleva un poco de alcohol;[9]
así entraba por la iglesia
relumbrando como sol.
Las damas mueren de envidia,
20 y los galanes de amor.

---

1 **San Juan:** el 24 de junio. Este romance tan fino y gracioso es una descripción, más que de la hermosura de la dama, del vestido y de los afeites (o cosméticos) que la embellecen y de los efectos que produce su aparición en la iglesia.

2 **misa mayor:** misa que se canta a cierta hora del día para que asistan todos.

3 **saya:** falda.

4 **mantellín de tornasol:** El mantellín es una prenda de seda, lana o encaje que llevan las mujeres para cubrirse la cabeza. **Tornasol:** que cambia de color, al reflejar la luz.

5 **camisa:** blusa.

6 **cabezón:** abertura de la camisa para sacar la cabeza; cuello de la blusa o camisa.

7 **arrebol:** color que se ponían las mujeres en las mejillas para sonrosarlas.

8 **garzos:** azules.

9 **alcohol:** polvo negro que usaban las mujeres para darse sombra a los ojos y agrandárselos.

El que cantaba en el coro,
en el credo se perdió;
el abad que dice misa,
ha trocado la lición;[10]
25 monacillos[11] que le ayudan,
no aciertan responder, non,
por decir amén, amén,
decían amor, amor.

Otro romance[1]

En soledades de ausencia
sin salud vive Amarilis[2]
porque el que la tiene ausente[3]
ni sabe de amor ni es firme.[4]
5 La suya[5] sienten los campos,
porque como no los pise,[6]
ni brotan flores al alba
ni de colores se visten.
Mudos corren por los prados
10 los arroyuelos humildes,

---

[10] **ha trocado la lición:** ha cambiado, equivocándose, la lección, o sea el texto del servicio religioso. La turbación del que canta el credo y del abad resultan divertidas; culmina el tono burlesco en el juego de las palabras: amén, amén, amor, amor.

[11] **monacillos** (ant.): monaguillos, acólitos, niños que ayudan al sacerdote que dice misa y en otros ministerios del altar.

[1] Este romance es el número 4 de *Primavera y flor de romances,* colección en la que aparece el título "Otro romance" muy a menudo.

[2] **Amarilis:** nombre de pastora muy frecuente en la literatura pastoril y que dio Lope de Vega a su amada Marta de Nevares. En este romance anónimo "aunque el estilo es muy de Lope, la Amarilis de que aquí se trata no parece que pueda ser doña Marta de Nevares", apunta el crítico español don José F. Montesinos. Nótese que Amarilis no guarda la asonancia del romance, que es *i — e.*

[3] **el que la tiene ausente:** el que tiene salud estando ausente del ser amado.

[4] **ni . . . firme:** no sabe amar ni es fiel, leal, constante en su amor.

[5] **La suya:** la ausencia de Amarilis. Nótese la vivificación de la naturaleza, a la que se le atribuye sentimiento.

[6] **porque . . . pise:** porque si Amarilis no pisa los campos.

porque ya de su instrumento[7]
los acentos no repiten.
Las aves que no la oyen
en lugar de cantar gimen,
15 porque su angélica voz
de contrapunto[8] les sirve.
No reposan sus cuidados,
que los de amor[9] no permiten
que tenga descanso un alma,
20 porque amando es imposible.
Allá se partió su dueño
al mundo nuevo, que dicen[10]
que nace el oro y la plata;
¿qué más oro que Amarilis?
25 Teme que el mar se alborote[11]
cuando en sus aguas camine,
y así por la de sus ojos[12]
se embarca el alma y le sigue.[13]
Y así una tarde en su estrado,[14]
30 quitando el injusto eclipse
del sol de sus bellos ojos,[15]
esto a sus ausentes dice;[16]
"A la vela se han hecho
mis ojos, madre,[17]

---

[7] **instrumento:** Se supone que Amarilis toca un instrumento y canta, como se ve más abajo.

[8] **contrapunto:** armonía de voces contrapuestas, de melodías diferentes.

[9] **los de amor:** se sobrentiende *cuidados*: cuidados de amor.

[10] **al mundo . . . dicen:** a América, donde dicen.

[11] **Teme . . . alborote:** Amarilis teme que el mar se agite, cuando su amado vaya por él.

[12] **la de sus ojos:** el agua de sus ojos, sus lágrimas.

[13] **se . . . sigue:** Amarilis, o mejor dicho su alma, navega por el mar de lágrimas de sus propios ojos.

[14] **estrado:** sala en la que recibían las señoras.

[15] **quitando . . . ojos:** abriendo sus ojos.

[16] **esto . . . dice:** dice, hablando de sus ojos ausentes, esto es, de su amado.

[17] **A la vela . . . madre:** Mi enamorado se ha hecho a la vela, es decir, se ha embarcado y está navegando por el mar. En las canciones de amigo —las canciones que cantaba la muchacha enamorada al amigo (amado) o sobre éste— muchas veces se dirigía la joven no al amigo sino a la madre o a la naturaleza, a las que hacía confidentes de sus tristezas. Nótese cómo varían los versos de la canción —versos de siete,

35 y entre tanto los míos
también son mares.[18]
Que de mí se fueran
no pude pensar,
porque mar por mar,
40 mis ojos lo eran,[19]
mas volver esperan
me dicen, madre,
y entre tanto los míos
también son mares."

Endechas[1]

No duran más las flores
en el verano alegre
que dura la firmeza
que la mujer promete.
5 No es más ligero el rayo
de Jove[2] omnipotente,
ni la luz que despide
más presto desparece.[3]
No tiene más constancia
10 hoja que el viento mueve,

---

seis, y cinco sílabas— y recuérdese que esto es frecuente en las canciones y en los romances cantados, así como en los estribillos.

18 **mares:** hipérbole para expresar lo mucho que lloran sus ojos.

19 **Que de mí . . . lo eran:** es decir: es extraño que mi amado se haya ido al mar (oceano), ya que en mí habría podido encontrar otro mar (en mis lágrimas, en mis ojos).

1 **Endechas:** Como varios romances llevan el título de "Endechas" en *Primavera y Flor de Romances,* apuntemos que es el número 63 de dicha colección. La palabra *endecha* tiene dos acepciones: (1) combinación métrica (4 versos hexasílabos o heptasílabos, por lo regular asonantes) y (2) canción triste, lamento; esta segunda acepción es la que tiene aquí, en este romancillo heptasílabo cuyo tema es la inconstancia femenina. Después de una serie de comparaciones, concluye con una afirmación de su veleidad en los dos últimos versos.

2 **Jove:** Júpiter; Zeus, entre los griegos.

3 **más . . . desparece:** más pronto desaparece.

ola que el mar levanta
o niebla que el sol hiere.
Es como el verde ramo
de almendro[4] que florece,
15 que una flor arrebata
cada soplo que viene.
Mil veces amenaza
si alguna favorece,
y no siempre desdeña,
20 por ser mudable siempre.

La doncella guerrera[1]

—Pregonadas[2] son las guerras
de Francia con Aragón,
¡cómo las haré yo,[3] triste,
viejo y cano, pecador!
5 ¡No reventaras,[4] condesa,
por medio del corazón,
que me diste siete hijas,
y entre ellas ningún varón!
Allí habló la más chiquita,
10 en razones la mayor:[5]
—No maldigáis a mi madre,
que a la guerra me iré yo;
me daréis las vuestras armas,
vuestro caballo trotón.[6]

---

4 **almendro:** árbol frutal que da almendras.

1 Este romance, de forma dialogada como "La hija del rey de Francia", "Don Boyso", y "El conde Sol", tiene, como éstos, un personaje que viaja de incógnito. La acción se sitúa en Aragón, escenario de varios romances novelescos, como lo son también Francia y Portugal. La heroina es una doncella.

2 **Pregonadas:** Han sido enunciadas.

3 **cómo las haré yo:** ¿cómo voy a combatir yo? Habla un conde.

4 **No reventaras:** Ojalá que reventaras, que murieras.

5 **en . . mayor:** la más adulta en inteligencia.

6 **caballo trotón:** caballo que trota.

15 —Conocerante[7] en los pechos
que asoman bajo el jubón.[8]
—Yo los apretaré, padre,
al par de[9] mi corazón.
—Tienes las manos muy blancas,
20 hija, no son de varón.
—Yo les quitaré los guantes
para que las queme el sol.
—Conocerante en los ojos,
que otros más lindos no son.[10]
25 —Yo los revolveré,[11] padre,
como si fuera un traidor.
Al despedirse de todos,
se le olvida lo mejor:
—¿Cómo me he de llamar, padre?
30 —Don Martín el de Aragón.
—Y para entrar en las cortes,
padre, ¿cómo diré yo?
—Bésoos la mano, buen rey,
las cortes las guarde Dios.
35 Dos años anduvo en guerra
y nadie la conoció,
si no fue el hijo del rey
que en sus ojos se prendó.[12]
—Herido vengo, mi madre,
40 de amores me muero yo;
los ojos de don Martín
son de mujer, de hombre no.
—Convídalo[13] tú, mi hijo,
a las tiendas a feriar;[14]
45 si don Martín es mujer,
las galas ha de mirar.[15]

---

[7] **Conocerante:** Te van a conocer.
[8] **el jubón:** aquí el corpiño.
[9] **al par de:** junto a, al mismo nivel de.
[10] **no son:** no existen, no hay.
[11] **los revolveré:** los haré girar, les haré dar vueltas.
[12] **que . . . prendó:** que se enamoró de sus ojos.
[13] **convídalo:** invítalo.
[14] **feriar:** comprar algún objeto.
[15] **las . . . mirar:** se entretendrá en mirar vestidos, joyas, etc.

Don Martín como discreto
a mirar las armas va:
—¡Qué rico puñal es éste,
50 para con moros pelear!
—Herido vengo, mi madre,
amores me han de matar;
los ojos de don Martín
roban el alma al mirar.
55 —Lleváraslo tú, hijo mío,
a la huerta a solazar;
si don Martín es mujer,
a los almendros irá.
Don Martín deja las flores;
60 una vara[16] va a cortar:
—¡Oh, qué varita de fresno[17]
para el caballo arrear![18]
—Hijo, arrójale al regazo[19]
tus anillos al jugar;
65 si don Martín es varón
las rodillas juntará,
pero si las separare
por mujer se mostrará.
Don Martín, muy avisado,[20]
70 hubiéralas de juntar.
—Herido vengo, mi madre,
amores me han de matar;
los ojos de don Martín
nunca los puedo olvidar.
75 —Convídalo tú, mi hijo,
en los baños a nadar.
Todos se están desnudando;
don Martín muy triste está:
—Cartas me fueron venidas,
80 cartas de grande pesar,

---

16 **vara:** ramo delgado sin hojas; palo largo y delgado.
17 **fresno:** árbol de estimable madera.
18 **arrear:** espolear, aguijar o incitar a un caballo con una vara, etc.
19 **regazo:** cavidad que hace la falda desde la cintura hasta la rodilla.
20 **avisado:** prudente, discreto.

que se halla el conde mi padre
enfermo para finar.[21]
Licencia le pido al rey
para irle a visitar.
85 —Don Martín, esa licencia
no te la quiero estorbar.[22]
Ensilla el caballo blanco,[23]
de un salto en él va a montar;
por unas vegas[24] arriba
90 corre como un gavilán:[25]
—¡Adiós, adiós, el buen rey,
y tu palacio real;
que dos años te sirvió
una doncella leal!
95 Oyela el hijo del rey,
tras ella va a cabalgar.
—¡Corre, corre, hijo del rey,
que no me habrás de alcanzar
hasta en casa de mi padre,
100 si quieres irme a buscar!
Campanitas[26] de mi iglesia,
ya os oigo repicar;
puentecito, puentecito,
del río de mi lugar,
105 una vez te pasé virgen,
virgen te vuelvo a pasar.
Abra las puertas mi padre,
ábralas de par en par.
Madre, sáqueme la rueca,[27]
110 que traigo ganas de hilar,[28]

---

[21] **finar:** morir.
[22] **estorbar:** impedir, hacer difícil.
[23] **Ensilla . . . blanco:** Nótese la rapidez de la acción de aquí en adelante.
[24] **vegas:** llanuras fértiles.
[25] **gavilán:** cierto tipo de ave de presa como el halcón.
[26] **campanitas:** el empleo de este diminutivo y el de puente da un matiz afectuoso e ingenuo al parlamento de la doncella. Nótese cómo se acelera el ritmo.
[27] **rueca:** instrumento para hilar.
[28] **hilar:** reducir una fibra textil a hilo.

que las armas y el caballo
bien los supe manejar.
Tras ella el hijo del rey
a la puerta fue a llamar.

Camina la Virgen pura[1]

Camina la Virgen pura,
camina para Belén,[2]
con un niño entre los brazos
que es un cielo de lo ver;[3]
5 en el medio del camino
pidió el niño de beber.
—No pidas agua, mi niño,
no pidas agua, mi bien;
que los ríos corren turbios
10 y los arroyos también,
y las fuentes manan sangre[4]
que no se puede beber.—
Allá arriba en aquel alto
hay un dulce naranjel,[5]
15 cargadito de naranjas
que otra no puede tener.
Es un ciego el que las guarda,
ciego que no puede ver.
—Dame, ciego, una naranja
20 para el niño entretener.—
—Cójalas usted, Señora,

---

1 Santullano, en su *Romancero español,* titula este romance "La fe del ciego". El milagro, por su ternura y delicadeza, recuerda algunos cuadros de Murillo. Lope de Vega cultivará esta modalidad en su poesía religiosa.

2 **Belén:** "Bethlehem".

3 **de lo ver:** de ver, de verlo.

4 **y las . . . sangre:** y de las fuentes sale sangre.

5 **naranjel:** naranjal, terreno plantado de naranjos.

las que faga menester;[6]
coja d'aquéllas más grandes,
deje las chicas crecer.—
25 Cogiéralas d'una en una,
salieran de cien en cien;
al bajar del naranjero[7]
el ciego comenzó a ver.
—¿Quién sería esta Señora
30 que me fizo[8] tanto bien?—
Erase la Virgen Santa
que camina hacia Belén.

Pa misa diba un galán[1]

Pa misa diba un galán
caminito de la iglesia,
no diba por oir misa
ni pa estar atento a ella,
5 que diba por ver las damas
las que van guapas y frescas.
En medio del camino
encontró una calavera,[2]
mirárala muy mirada[3]
10 y un gran puntapié le diera;
arregañaba[4] los dientes
como si ella se riera.

---

6 **las . . . menester:** las que sean necesarias.
7 **naranjero:** naranjal.
8 **me fizo:** me hizo.
1 Santullano titula este romance "Don Juan". Efectivamente tiene el galán dos rasgos característicos de Don Juan: irrespetuosidad ante las cosas religiosas y afición a las mujeres. Hallamos también en el romance el tema del doble convite que encontraremos en *El burlador de Sevilla* de Tirso de Molina y en *Don Juan Tenorio* de Zorrilla.
Pa misa diba: Para misa iba; *Pa* y *diba* son formas rústicas.
2 **calavera:** Recuérdese que se acostumbraba enterrar a los muertos junto a las iglesias.
3 **mirárala muy mirada:** la observó fijamente.
4 **arregañaba:** mostraba.

—Calavera, yo te brindo[5]
esta noche a la mi fiesta.
15 —No hagas burla, el caballero;
mi palabra doy por prenda—.
El galán todo aturdido
para casa se volviera.
Todo el día anduvo triste
20 hasta que la noche llega;
de que la noche llegó,
mandó disponer la cena.
Aún no comiera un bocado
cuando pican[6] a la puerta.
25 Manda un paje de los suyos
que saliese a ver quién era.
—Dile, criado, a tu amo,
que si del dicho se acuerda.
—Dile que sí, mi criado,
30 que entre pa cá[7] norabuena—,
Pusiérale silla de oro,
su cuerpo sentara en ella;
pone de muchas comidas
y de ninguna comiera.
35 —No vengo por verte a ti,
ni por comer de tu cena;
vengo a que vayas conmigo
a medianoche a la iglesia—.
A las doce de la noche
40 cantan los gallos afuera,
a las doce de la noche
van camino de la iglesia.
En la iglesia hay en el medio
una sepultura abierta.
45 —Entra, entra, caballero,
entra sin recelo n'ella;
dormirás aquí conmigo,
comerás de la mi cena.

---

[5] **te brindo:** te convido, te invito.
[6] **pican:** golpean, llaman. Todavía se dice picaporte (llamador).
[7] **cá:** acá; es forma rústica.

—Yo aquí no me meteré,
50 no me ha dado Dios licencia.
—Si no fuera porque hay Dios
y al nombre de Dios apelas,
y por ese relicario
que sobre tu pecho cuelga,
55 aquí habías de entrar vivo
quisieras o no quisieras.
Vuélvete para tu casa,[8]
villano y de mala tierra,
y otra vez que encuentres otra[9]
60 hácele[10] la reverencia,
y rézale un *pater noster,*
y échala por la huesera;[11]
así querrás que a ti t'hagan
cuando vayas desta tierra.

---

[8] **Vuélvete . . . casa:** La calavera perdona al mozo irrespetuoso; en otras versiones del romance se termina con la condenación del galán, fin que siguió Tirso.

[9] **otra:** otra calavera.

[10] **hácele:** hazle.

[11] **huesera:** sepultura.

El romance en el siglo XVI

Agrupamos en este apartado romances de varios poetas del siglo XVI, principiando con los renacentistas, hasta entrado el XVII.

Son de tono distinto: histórico, el de Carvajal; lírico-amorosos, los de Encina y Gil Vicente; con un tinte decepcionado, el de Castillejo. Luego un romance de tipo religioso: de San Juan de la Cruz. Y, finalmente, el romance en la novela con sendos ejemplos de una novela de ambiente morisco, publicada en 1595, y de una de las *Novelas ejemplares* de Cervantes, 1613.

Cervantes publica en el siglo XVII pero no nos guía un criterio estrictamente cronológico sino el propósito de mostrar cómo penetra el romance en la novela y es apto para expresar los más diversos sentimientos.

Como sólo intentamos dar algunas muestras, necesariamente han de suprimirse muchos otros hermosos romances, v.g. los de Torres Naharro y los que se publican en la novela pastoril.

A fines del XVI escriben poetas cultos romances eruditos y romances nuevos o artísticos. Estos llegarán a la cumbre en el XVII con los más excelsos poetas del siglo. Los eruditos, en cambio, morirán por falta de esencia poética. En el pueblo se mantiene el romance popular a través de los romances de ciego —relatos, sobre todo de crímenes espeluznantes, que divierten al público callejero el cual parece no haber perdido la afición al romance pero sí el buen gusto.

EL ROMANCE
EN EL RENACIMIENTO

Carvajal (siglo XV)

Carvajal o Carvajales, cuyo nombre de pila se ignora, figura en el *Cancionero de Stúñiga* (1458) con 48 composiciones. Fue el primer poeta conocido que firmó romances y el primer español que escribió en italiano. Es autor de graciosas canciones de amor y de serranillas. El romance "Retraída estaba la reina", que pone en boca de ésta, no lleva el nombre del autor pero se le atribuye a Carvajal por hallarse entre sus poesías; fue compuesto hacia 1442. En otra poesía dedicada a doña María, "ilustre reina bendita", exalta la virtud y constancia de esta reina, nada hermosa y muy enfermiza, a quien no profesó amor su marido Alfonso V, a pesar de que poseía aquélla altas prendas morales, clara inteligencia y gran tacto, como demostró en situaciones críticas del reino peninsular. Carvajal loa en "A Madama Lucrecia del Anno, en la mejor edad de su belleza" la linda figura de esta dama por quien Alfonso intentó anular su matrimonio con doña María, anulación que no permitió el Papa Calixto III.

ROMANCE POR LA SEÑORA REINA DE ARAGÓN

Retraída estaba la reina,
la muy casta doña María,
mujer de Alfonso el Magno,[1]
fija del rey de Castilla,
5 en el templo de Diana,
do sacrificio facía;
vestida estaba de blanco,
un parche[2] de oro ceñía,
collar de jarras[3] al cuello,
10 con un grifo[4] que pendía,
Pater nosters[5] en sus manos,
corona de palmería.[6]
Acababa su oración,
como quien planto[7] facía,
15 mucho más triste que leda,[8]
sospirando así decía:
—Maldigo[9] la mi fortuna,

---

1 **Alfonso el Magno:** Alfonso V el Magnánimo, rey de Aragón (n. en 1394) de 1416 a 1458. Se casó con María, hija del rey de Castilla, Enrique III, y a los diez meses de casado heredó el trono de Aragón. Los 42 años de su reinado los dedicó a campañas y asuntos diplomáticos en el Mediterráneo, abandonando los reinos peninsulares y a su mujer, la cual rigió por un tiempo el reino de Aragón y siguió ayudando a su marido desde Cataluña con barcos, soldados y provisiones. Alfonso estableció su corte en Nápoles. Amigo de las artes, las letras y las ciencias, supo rodearse de los hombres más distinguidos en estas materias así como de músicos y juglares.

2 **parche:** correa que se ciñe a la cintura, ceñidor.

3 **jarras:** emblema de la antigua orden de caballería aragonesa llamada la Jarra. La insignia era una jarra de azucenas que colgaba de un collar de oro.

4 **grifo:** animal fabuloso, medio águila, medio león.

5 **pater nosters:** cuentas engarzadas en un cordón que sirven de rosario.

6 **palmería:** cuentas que llevaban los peregrinos que iban a Santiago, llamados palmeros, según la definición de Sainz de Robles; el palmero llevaba una palma en señal de su romería a Tierra Santa.

7 **planto:** llanto.

8 **leda:** contenta. Algunas ediciones dicen *Leda.*

9 **Maldigo:** El maldecir es uno de tantos recursos estilísticos de los romances. En este verso empieza el planto o queja de la reina.

que tanto me perseguía;
para ser tan mal fadada,
20 muriera cuando nacía,[10]
e muriera una vegada[11]
e non tantas cada día,
o muriera en aquel punto
que de mí se despedía
25 mi marido e mi señor
para ir en Berbería:
ya tocaban las trompetas,
la gente se recogía,
todos daban mucha priesa[12]
30 contra mí a la porfía;
quién izaba, quién bogaba,[13]
quién entraba, quién salía,
quién las áncoras levaba,
quién mis entrañas rompía,[14]
35 quién proíses[15] desataba,
quién mi corazón fería:
el terramoto era tan grande,
que por cierto parecía
que la máquina del mundo
40 del todo se desfacía.
¿Quién sufrió nunca dolor
cual entonces yo sufría?
Cuando vi junta la flota
y el estol vela facía,[16]
45 yo quedé desamparada
como viuda dolorida;
mis sentidos todos muertos,
casi el alma me salía:

---

[10] **tan mal . . . nacía:** para tener tan mal hado o destino, ojalá hubiera muerto cuando nací.

[11] **vegada:** vez.

[12] **priesa:** prisa.

[13] **quién izaba . . . bogaba:** unos hacían subir las velas de los barcos, otros remaban. Nótese cómo la repetición del pronombre *quien* y la serie de verbos logra dar la sensación de movimiento.

[14] **quién mis . . . rompía:** quien destrozaba mi corazón (pues partía el rey).

[15] **prois:** cabo o cuerda que se amarra en tierra para asegurar un barco.

[16] **el estol vela facía:** la flota comenzaba a navegar.

buscando todos remedios,
50 ninguno no me valía;
pidiendo muerte quejosa
et menos me obedecía
dije con lengua rabiosa,
con dolor que me afligía:
55 ¡Oh, maldita seas, Italia,
causa de la pena mía!
¿Qué te fice, reina Juana,[17]
que robaste mi alegría?
E tomásteme por fijo
60 un marido que tenía,
feciste perder el fruto
que de mi flor atendía.[18]
¡Oh madre desconsolada,
que fija tal parido había!
65 E diome por marido un César[19]
que en todo el mundo non cabía,
animoso de coraje,
muy sabio, con valentía,
non nació por ser regido,
70 mas por regir a quien regía.
La Fortuna, invidiosa
que yo tanto bien tenía,
ofreciole cosas altas,
que magnánimo seguía,
75 plascientes[20] a su deseo
con fechos de nombradía,
e diole luego nueva empresa
del realme[21] de Secilia.
Siguiendo el planeta Mars,

---

17 **Juana:** la reina Juana II de Nápoles, quien, viéndose sitiada por Luis III de Anjou, pidió ayuda a Alfonso V, al que adoptó como hijo y heredero. Luego cambió de parecer y nombró heredero a Luis de Anjou y por fin volvió a prohijar a Alfonso.

18 **feciste . . . atendía:** hiciste perder al hijo que esperaba de mí. Alfonso tuvo un hijo bastardo, D. Fernando de Calabria, y dos hijas bastardas.

19 **un César:** Aquí comienza la alabanza de su marido, elogios que también hicieron de él escritores de su época. Luego sigue la enumeración de sus campañas en África, Grecia e Italia.

20 **plascientes:** agradables.

21 **realme:** reino.

80 dios de la caballería,
dejó sus reinos e tierras,
las ajenas conquería;
dejó a mí desventurada,
años veinte y dos había,
85 dando leyes en Italia,
mandando a quien más podía,
sojuzgando con su poder
a quien menos lo temía:
en Africa e en Italia
90 dos reyes vencido había;
tú venciste al rey africano,[22]
e otro nacido en Galia;
tú venciste por tu mano
el mejor reino de Italia;
95 si siguieras tu victoria,
non contento de tu gloria,
ganaras por más memoria
Occidente con Tesalia.
Fuera tuya la Transmontaña,
100 e Casia con la Turquía
e toda la parte africana,
con Jaloque e Mediodía,
e fueras dicho monarca
que todo el mundo abarca;
105 non navegara tu barca
por ajena señoría.
Non que vida perezosa
nin poder temiendo ajeno,
nin menos mano temerosa
110 impidió vuestro gran seno;
mas por dos mundos regir
non quesistes conquerir,
por más seguro rescebir
el summo placer eterno.

---

22 **tú . . . africano:** De aquí en adelante ya no es romance. Suele darse en las antologías el romance hasta el verso "Oh, maldita seas, Italia!", quizá porque decae artísticamente, pero preferimos dar la composición completa. Compárese la extensión de este romance trovadoresco con la sobriedad de los romances viejos de tema histórico.

Juan del Encina (1468?–1529)

Juan de Fermoselle adoptó el nombre "del Encina" por ser quizás el lugar de su nacimiento. Se ha llamado a este inquieto poeta de Salamanca "padre del teatro español", y con razón, pues incorporó al estaticismo de las piezas medievales, el dinamismo moderno; a lo religioso, lo profano y lo popular; al diálogo de pastores rústicos, el de pastores literarios que exaltan el amor; al estilo llano, el lírico. Las canciones adquieren mayor importancia; recuérdese que Encina era músico, autor de muchas composiciones musicales, y hasta cantor de la capilla del Papa León X. Se representó su teatro en los palacios, ante duques y príncipes de la Iglesia. Mas lo que nos interesa aquí es el Encina autor de graciosos villancios y villanescas llenas de picardía y, sobre todo, de romances sencillos y sentidos; los tiene religiosos y profanos; de entre estos últimos hemos seleccionado "Yo me estaba reposando", de tono amoroso sentimental.

Yo me estaba reposando[1]

Yo me estaba reposando
durmiendo como solía;
recordé[2] triste, llorando
con gran pena que sentía.

---

1 Aparece este romance a veces con el título "Yo me estando reposando". Es una elegía amorosa que, según Menéndez Pidal, parece haber inspirado el romance "El enamorado y la Muerte". Su tema —servir a una dama— es el más frecuente en los *Cancioneros*. Nótese que, además de la asonancia de los versos pares, riman los impares en consonancia: 1 y 3, 5 y 7; aunque al final se altera este orden.

2 **recordé:** desperté.

5 Levanteme muy sin tiento
de la cama en que dormía,
cercado del pensamiento
que valerme no podía.
Mi pasión era tan fuerte,
10 que de mí yo no sabía;
conmigo estaba la muerte
por tenerme compañía.
Lo que más me fatigaba
no era porque moría;
15 mas era porque dejaba
de servir a quien servía.
Servía yo a una señora
que más que a mí la quería,
y ella fue la causadora
20 de mi mal sin mejoría.
La medianoche pasada,
ya qu'era cerca del día,
salime de mi posada
por ver si descansaría.
25 Fuime para do moraba
aquella que más quería,
porque yo triste penaba;
mas ella no lo sabía.
Andando triste, turbado,
30 con las ansias que tenía,
vi venir a mi Cuidado[3]
dando voces y decía:
—Si dormís, linda señora,
recordad por cortesía;
35 pues que fuistes causadora
de la desventura mía,
satisfaced mi porfía.[4]

---

[3] **Cuidado:** sobresalto, temor. En boca de su Cuidado (con mayúscula, porque personifica sus temores amorosos) pone el poeta lo que quiere decirle a la señora a quien ama. El léxico, más que apasionado es sentimental: ansias, suspiros congojosos, tristuras (tristezas).

[4] **porfía:** deseo.

Remediad mi gran tristura,
porque si falta ventura
40 del todo me perdería.—
Y con los ojos llorosos
un triste llanto hacía
con sospiros congojosos,
y nadie no parescía.[5]
45 En estas cuitas[6] estando,
como vi qu'esclarecía,[7]
a mi casa sospirando
me volví como solía.

Gil Vicente (1465? 1470?–1536?)

Portugués. Es escritor bilingüe pero usó más el castellano, un castellano salpicado de lusismos que le dan cierto encanto.

Influído por Juan del Encina, tiene mucho punto de contacto con él, pero le supera en la diversidad de personajes y de motivos y en la mayor amplitud de temas: escribió comedias bíblicas, caballerescas, simbólicas, sátiras clericales, críticas de costumbres, recreaciones de la *Danza de la Muerte,* comedias de magia, etc. Como Encina, prodigó la música y el baile y fundió lo popular y lo culto, lo religioso y lo profano. Pero el portugués supera al salmantino como poeta lírico; sintió la hermosura de la naturaleza y expresó ese sentir con un lirismo desconocido entonces y que no ha envejecido después de más de cuatro siglos. El romance que damos es da la comedia *Don Duardos,* "Tragicomedia" inspirada en la novela caballeresca *Primaleón* (1512), segundo libro de la serie de los *Palmerines*.

---

5 **y . . . parescía:** y no aparecía nadie.
6 **cuitas:** dificultad, momento difícil, de angustia.
7 **qu'esclarecía:** que amanecía.

Romance de Flérida y don Duardos

Artada:[1] En el mes era de abril,
de mayo antes un día,
cuando los lirios y rosas
muestran más su alegría,
5 en la noche más serena
que el cielo hacer podía,
cuando la hermosa infanta
Flérida ya se partía,
en la huerta de su padre
10 a los árboles decía:
Flérida: Quedaos, adiós, mis flores,
mi gloria que ser solía,
voyme a tierras extranjeras,
pues ventura allá me guía.
15 Si mi padre me buscare,
que grande bien me quería,
digan que el amor me lleva,
que no fue la culpa mía;
tal tema[2] tomó conmigo
20 que me venció su porfía.
Triste, no sé a do vo,[3]
ni nadie me lo decía.
Artada: Allí habla don Duardos:
Don Duardos: No me lloréis, mi alegría,
25 que en los reinos de Inglaterra
más claras aguas había

[1] **Artada:** dama que acompaña a Flérida, y en cuyos labios pone Gil Vicente la descripción de la partida de los amantes y el comentario final sobre el poder del amor: "nadie no tiene valía", nadie tiene poder (frente al amor o a la muerte).
[2] **tema:** porfía, obstinación.
[3] **a do vo:** a dónde voy.

y más hermosos jardines,
y vuesos,[4] señora mía.
Ternéis[5] trescientas doncellas
30 de alta genelosía,[6]
de plata son los palacios
para vuesa señoría,
de esmeraldas y jacintos,[7]
de oro fino de Turquía,
35 con letreros esmaltados[8]
que cuentan la vida mía;
cuentan los vivos dolores
que me distes aquel día
cuando con Primaleón[9]
40 fuertemente combatía:
señora, vos me matastes,
que yo a él no lo temía.

ARTADA: Sus lágrimas consolaba
Flérida que esto oía.
45 Fuéronse a las galeras
que don Duardos tenía;
cincuenta eran por cuenta,
todas van en compañía.
Al son de sus dulces remos
50 la princesa se adormía
en brazos de don Duardos,
que bien le pertenecía.
Sepan cuantos son nacidos
aquesta sentencia mía:
55 que contra la muerte y amor
nadie no tiene valía.

---

4 **vuesos**: vuestros.
5 **Ternéis**: Tendréis.
6 **genelosía**: genealogía, linaje.
7 **jacintos**: rubíes.
8 **esmaltados**: adornado con esmalte: esto es, con un barniz vítreo que por medio de la fusión se adhiere a la porcelana, la loza, los metales, etc.
9 **Primaleón**: hermano de Flérida con quien combatió don Duardos para vengar a la princesa Gridonia, de quien estuvo enamorado hasta ver a Flérida.

Cristóbal de Castillejo (*1490?–1550*)

Castillejo fue paje del segundo nieto de los Reyes Católicos, Fernando, y más tarde su secretario cuando Fernando fue rey de Bohemia; tanto éste como su hermano Carlos V le pensionaron. Antes de ocupar la secretaría fue monje.

Como poeta se le recuerda, sobre todo, por la defensa que hizo de los metros tradicionales —"de las coplas españolas,/ canciones y villancicos,/ romances y cosa tal,/ arte mayor y real/ y pies quebrados y chicos,/ y todo nuestro caudal"— en la época en que Boscán y Garcilaso cultivaban las estrofas italianas con tan resonante éxito. Pulsa tres cuerdas: la amorosa, la moral-senequista y la jocosa. Si en esta última tiene verdadera gracia —recuérdese la poesía dedicada a la metamorfosis del vizcaíno bebedor en mosquito— preferimos el romance que hemos seleccionado en el que privan la desesperanza y la melancolía. Está muy lejos este tono del romance que le inspira y que comienza:

Hora es, el caballero
hora es de andar de aquí,
que me creció la barriga
y se me acorta el vestir, etc.

Romance contrahecho al que dice "Tiempo es, el caballero"[1]

Tiempo es ya, Castillejo,
tiempo es de andar de aquí;

[1] Este romance de Castillejo es el autorretrato de un anciano que sufre no sólo dolores físicos sino el fracaso de una vida sirviendo a un rey y a una corte que parecen no haber estimado sus servicios. El adiós a las vanidades mundanas es la desilusión del

que me crecen los dolores
y se me acorta el dormir:
5 que me nacen muchas canas
y arrugas otro que sí;[2]
ya no puedo estar en pie,
ni al Rey, mi señor, servir.
Tengo vergüenza de aquellos
10 que en juventud conocí,
viéndolos ricos y sanos,
y ellos lo contrario en mí.
Tiempo es ya de retirar
lo que queda del vivir,
15 pues se me aleja esperanza
cuanto se acerca el morir;
y el medrar,[3] que nunca vino,
no hay para qué venir.
Adiós, adiós, vanidades,
20 que no os quiero más seguir.
Dadme licencia, buen Rey,
porque me es fuerza el partir.

---

hombre que se da cuenta tarde de haber seguido un camino errado. Se ha creído que al imitar el romance antiguo está Castillejo haciendo su autobiografía, aunque no parece que fuese tan maltratado como dice.

contrahecho: imitando.

[2] **otro que sí:** también.

[3] **medrar:** mejorar de fortuna.

EL ROMANCE RELIGIOSO

San Juan de la Cruz (1542–1591)

A San Juan de Yepes, fraile carmelita y reformador de su orden, se le recuerda, con el nombre de San Juan de la Cruz, como el poeta místico más extraordinario de su época y como uno de los grandes líricos de todos los tiempos.

Su poesía —fusión de lo bíblico, lo tradicional y lo renacentista— es una poesía inflamada de fervor religioso y expresada con gran vehemencia amorosa, a la que contribuyen la gran copia de imágenes, diminutivos y exclamaciones. Sitúa en un ambiente pastoril, y valiéndose de alegorías, la unión del alma con Dios, en sus más hermosos poemas: "Noche oscura" y "Cántico espiritual". Aunque sus romances no alcanzan la altura poética de estos dos poemas —escritos en liras y silvas respectivamente— damos uno de los diez romances que escribió como muestra de que, a pesar de descollar en el empleo de las estrofas italianas, le tentaron los metros tradicionales.

El romance que comienza "En aquel amor inmenso" no puede ser más sencillo de léxico para expresar el gran amor del Padre por el Hijo.

"En aquel amor inmenso"

En aquel amor inmenso
que de los dos procedía,
palabras de gran regalo
el Padre al Hijo decía.
5 De tan profundo deleite,
que nadie las entendía;
sólo el hijo lo gozaba,
que es a quien pertenecía.
Pero aquello que se entiende
10 de esta manera decía:
—Nada me contenta, Hijo,
fuera de tu compañía.
Y si algo me contenta,
en ti mismo lo quería;
15 el que a ti más se parece,
a mí más me satisfacía.
Y el que nada te semeja,
en mí nada hallaría;
en ti sólo me he agradado,
20 ¡oh vida de vida mía!
Eres lumbre de mi lumbre,[1]
eres mi sabiduría,
figura de mi sustancia,[2]
en quien bien me complacía.[3]
25 Al que a ti te amare, Hijo,
a mí mismo le daría,
y el amor que yo en ti tengo,
ese mismo en él pondría,
en razón de haber amado
30 a quien yo tanto quería.

---

[1] **lumbre:** fuego; luz.
[2] **figura de mi sustancia:** forma de mi esencia.
[3] **me complacía:** me agrada, me complace.

EL ROMANCE EN LA NOVELA

Ginés Pérez de Hita (1544–1619?)

Se le recuerda por ser autor de una novela histórica —apenas leída hoy— que tuvo gran influencia en escritores tanto extranjeros como españoles en los siglos XVIII y XIX: la *Historia de los bandos de los zegríes y abencerrajes, caballeros moros de Granada, de las civiles guerras que hubo en ella . . . hasta que el rey don Fernando el quinto la ganó,* título que se abrevia a *Las guerras de Granada.* Se publicó en 1595; la segunda parte, sobre la rebelión de los moriscos, en 1619.

Las guerras da una pintura pintoresca de la Granada de fines del XV; con la narración de las rivalidades internas y de la lucha de moros y cristianos se mezclan descripciones de fiestas y torneos, de galas y amores, con una técnica pormenorista, a trechos extrema. Como el autor de la novelita *El Abencerraje,* exalta Pérez de Hita las virtudes del moro: su valor, su generosidad, su bizarría; e introduce, con acierto, romances moriscos y fronterizos que amenizan la lectura; algunos son de su propia cosecha.

"AFUERA, AFUERA, AFUERA"[1]

Afuera, afuera, afuera;
aparta, aparta, aparta,
que entra el valeroso Muza,
cuadrillero de unas cañas.[2]
5 Treinta lleva en su cuadrilla,
Abencerrajes de fama
conformes en las libreas[3]
azul y tela de plata;
de listones y de cifras[4]
10 travesadas[5] las adargas,
yeguas de color de cisne
con las colas encintadas;[6]
atraviesan cual el viento
la plaza de Bivarrambla,
15 dejando en cada balcón
mil damas amarteladas;[7]
los caballeros Zegrís
también entran en la plaza;
sus libreas eran verdes,
20 y las medias encarnadas.
Al son de los añafiles[8]

---

1 Después de describir las fiestas de Granada en las que los caballeros corrían los toros, y de describir los vestidos y tocados de las damas y la riña entre Zegríes y Abencerrajes, dice Pérez de Hita: "Este fin tuvieron aquellas fiestas, quedando Granada muy revuelta". Por estas fiestas se compuso el romance que dice: "Afuera, afuera, afuera".

2 **cuadrillero . . . cañas:** las cañas eran una fiesta en la que varios grupos (cuadrillas; y cada miembro se llamaba cuadrillero) de jinetes se tiraban recíprocamente cañas, de las que se protegían con escudos de cuero (adargas).

3 **conformes en las libreas:** todos vestidos de la misma librea.

4 **de listones y de cifras:** de cintas y de lemas o motes.

5 **travesadas:** cruzadas, en el medio de.

6 **encintadas:** adornadas con cintas.

7 **amarteladas:** enamoradas.

8 **añafiles:** trompetas.

traban[9] el juego de cañas,
el cual anda muy revuelto,
parece una gran batalla:
25 no hay amigo para amigo,
las cañas se vuelven lanzas,[10]
mal herido fue Alabez
y un Zegrí muerto quedaba.
El Rey Chico[11] reconoce[12]
30 la ciudad alborotada,[13]
encima de hermosa yegua
de cabos[14] negros y baya;[15]
con un bastón en la mano
va diciendo: "aparta, aparta".
35 Muza reconoce al rey,
por el Zacatín se escapa:
con él toda su cuadrilla
no para hasta el Alhambra;
a Bivataubin los Zegrís
40 tomaron por su posada:
Granada quedó revuelta
por esta cuestión trabada.[16]

Miguel de Cervantes (*1547–1616*)

La vida de Cervantes, heroica en su juventud —como soldado en la batalla naval de Lepanto, 1571, y como cautivo en Argel durante cinco años— no lo fue menos en su madurez, aunque el heroísmo

[9] **traban:** empiezan.
[10] **las . . . lanzas:** la diversión se convierte en combate.
[11] **Rey Chico:** Boabdil, último rey de Granada.
[12] **reconoce:** examina.
[13] **alborotada:** agitada, nerviosa, inquieta.
[14] **cabos:** patas, hocico y crines.
[15] **baya:** de un blanco amarillento.
[16] **cuestión trabada:** lucha, combate, pelea.

fuera menos glorioso en su lucha contra la pobreza y contra la monotonía de las tareas diarias como recaudador de impuestos y como comisario para abastecer a la Armada. Y esto sin contar los sinsabores de la cárcel ni las decepciones de índole familiar que le amargaron la vida. En sus viajes y andanzas por Italia, en su cautiverio en Argel, y luego en su deambular por caminos de España fue Cervantes acopiando experiencia y observando tipos y costumbres y modos de expresión. Se relacionó con diferentes mundos y estas relaciones provechosas para el escritor, conjuntamente con sus lecturas, le dieron materia para sus grandes novelas: el *Quijote* (1605; 1615) y las *Novelas ejemplares,* 1613. Lo demás se lo dieron su imaginación, su visión del hombre, su compasión humana, su humorismo.

Las *Novelas ejemplares* son cortas, como la *novella* italiana, por lo que nos dice el propio Cervantes que fue el primero que escribió novelas en España; sabido es que las novelas extensas se llamaban entonces "libro", o "historia", o "vida". Comenta también Cervantes el título: "ejemplares" porque de cada una se podía sacar "algún ejemplo provechoso". Estas novelitas tratan, unas sobre aventuras amorosas, lances y peripecias, a ratos inverosímiles, de jóvenes enamorados, inquietos y andariegos; otras son cuadros movidos en los que se presenta la realidad española con cristales poetizadores y se describe con morosidad deleitosa. Algunas novelas participan de ambas técnicas, como *La gitanilla,* relato de la vida de Preciosa que tiene como fondo el mundo de los gitanos. La protagonista, como la juglaresa medieval, se gana la vida bailando y cantando romances y otras canciones por calles y plazas, hasta que se descubre su origen hidalgo.

Gustaba Cervantes de introducir poesías en sus novelas como se hacía en las novelas idealistas, sobre todo en la pastoril. Muchas de esas poesías eran romances, a los que tan aficionado era el autor del *Quijote.* Sin llegar Cervantes a la altura de un Lope de Vega, hay que reconocer que algunos de sus poemas están logrados, sobre todo en la vena cómica.

Hermosita[1]

Hermosita, hermosita,
la de las manos de plata;
más te quiere tu marido
que el rey de las Alpujarras.[2]
5 Eres paloma sin hiel,[3]
pero a veces eres brava
como leona de Orán[4]
o como tigre de Ocaña;[5]
pero en un tras, en un tris,[6]
10 el enojo se te pasa,
y quedas como alfiñique[7]
o como cordera mansa.
Riñes mucho y comes poco;
algo celosita andas,
15 que es juguetón el tiniente[8]
y quiere arrimar la vara.[9]
Cuando doncella te quiso
uno de muy buena cara;
que mal haya los terceros[10]
20 que los gustos desbaratan.
Si a dicha tú fueras monja,
hoy tu convento mandaras,

---

[1] Una gitanilla, que da título a la novela de Cervantes, dice la buenaventura (predice el futuro) a doña Clara, mujer de un teniente. Le está leyendo las líneas de la mano.
[2] **Alpujarras:** región de Andalucía.
[3] **sin hiel:** suave, dulce. *Hiel:* bilis; en sentido figurado: amargura.
[4] **Orán:** ciudad y provincia de Argel, en Africa del Norte.
[5] **Ocaña:** pueblo de la provincia de Toledo.
[6] **en un tras, en un tris:** en un segundo. Tras y tris son palabras onomatopéyicas que imitan respectivamente el ruido de un golpe y el de un objeto al romperse.
[7] **alfiñique:** alfeñique, pasta de azúcar; objeto suave y delicado.
[8] **tiniente:** teniente; el marido de Hermosita.
[9] **vara:** bastón (del teniente, en este caso).
[10] **terceros:** los que intervienen en amores, mediadores.

porque tienes de abadesa
más de cuatrocientas rayas.[11]
25 No te lo quiero decir . . . ,
pero poco importa, vaya:
enviudarás, y otra vez,
y otras dos serás casada.
No llores, señora mía,
30 que no siempre las gitanas
decimos el Evangelio;
no llores, señora, acaba.
Como te mueras primero
que el señor tiniente, basta
35 para remediar el daño
de la viudez que amenaza.
Has de heredar, y muy presto,
hacienda en mucha abundancia:
tendrás un hijo canónigo;[12]
40 la iglesia no se señala;[13]
de Toledo no es posible.
Una hija rubia y blanca
tendrás, que si es religiosa,
también vendrá a ser perlada.[14]
45 Si tu esposo no se muere
dentro de cuatro semanas,
verasle corregidor[15]
de Burgos o Salamanca.
Un lunar[16] tienes, ¡qué lindo!
50 ¡Ay Jesús, qué luna clara!
¡Qué sol, que allá en los antípodas
escuros valles aclara![17]

---

11 **rayas:** las rayas de la mano, que indican que podía haber sido abadesa (superiora de un convento).
12 **canónigo:** dignidad eclesiástica.
13 **no se señala:** no veo claro, en tu mano, en qué iglesia.
14 **perlada:** prelada; dignidad eclesiástica.
15 **corregidor:** alcalde o administrador: cargo oficial.
16 **lunar:** pequeña mancha en la piel.
17 **aclara:** El lunar es un sol que hasta da luz a los oscuros valles en los antípodas (quizá en el cuerpo mismo de Hermosita). Esto es lo que se llama una hipérbole.

Más de dos ciegos por verle
dieran más de cuatro blancas.[18]
55 ¡Agora sí es la risica!
¡ay, qué bien haya esa gracia!
Guárdate de las caídas,
principalmente de espaldas,
que suelen ser peligrosas
60 en las principales damas.
Cosas hay más que decirte:
si para el viernes me aguardas,
las oirás; que son de gusto,
y algunas hay de desgracias.

---

18 **blancas**: monedas antiguas; dinero.

El romance y los grandes poetas y dramaturgos del siglo XVII

Los tres grandes poetas del siglo xvii —Lope, Góngora y Quevedo— cultivan las estrofas italianas y las españolas, o sea, que al adoptar las novedades introducidas por Boscán y Garcilaso en el siglo xvi, no olvidan lo tradicional. Si descuellan en el soneto y en la silva no descuellan menos en el romance, en el romance "nuevo o artístico", apelativo este último al que se ha objetado, y con razón, puesto que muchos romances viejos son también artísticos.

Romances artísticos o nuevos son los escritos por poetas conocidos de fines del siglo xvi y del xvii. En ellos, el poeta, al expresar sus propios sentimientos o al pintar a sus contemporáneos —con sus conceptos sobre el honor, la lealtad, la galantería, el amor, etc.— hace gala de su destreza y de su ingenio en un estilo metafórico y lleno de antítesis y a veces sumamente conceptista. Se ponen de moda los romances moriscos y los pastoriles, disfraces que encubren realidades amorosas (como en el caso de Lope de Vega) y los romances de piratas y cautivos (en los que se distingue Góngora). Los moriscos —que en esta época acentúan el lujo, el amor y el tema galante— son los más abundantes pero pasan de moda a fines del siglo xvi; en 1609 decretó el rey Felipe III la expulsión de los moriscos que quedaban en España. El tema pastoril, tan en boga en todos los géneros literarios del xvi —poesía profana y religiosa, novela y teatro— resurge con nuevo ímpetu en el xvii. La temática del barroco es, en rigor, variadísima. Así hallaremos romances mitológicos junto a romances religiosos —ingenuos y líricos o dramáticos y aleccionadores—; y romances burlescos y satíricos junto a los de tono pesimista, dolido y reflexivo, en los que descuella Quevedo. También se cultivan los temas épicos y se imita el estilo de los romances viejos en muchos romances artificiosos de singular encanto. Los romances artísticos alternan al principio con los tradicionales en las comedias del Siglo de Oro pero acaban por reemplazarlos. Con frecuencia el pueblo cantaba algunos de estos romances artísticos ignorando el nombre de su autor.

Además de Góngora, Lope[1] y Quevedo, va en esta sección Sor Juana Inés de la Cruz, primero por el hecho de que vivió en la época colonial, mejor dicho, cuando Méjico era parte de España, y, segundo, porque, según el crítico A. Torres Rioseco, "escribió como si fuera completamente española".

La segunda parte de esta sección la componen cuatro dramaturgos que, como muchos más, se sirvieron de los romances en sus obras. Ahora son los actores, y no los juglares, los que hacen llegar el romance al público.

Porque el Romancero es capaz de tratar toda clase de temas humanos y porque abarca variadas tendencias estéticas, viene a ser la introducción al teatro del Siglo de Oro. Por ser obra en la que colabora el genio colectivo de un pueblo —al transmitir oralmente los romances y al alterar en esa transmisión la creación primitiva— tiene semejanzas con el teatro clásico español en el que también colabora el pueblo, aunque indirectamente, con sus costumbres, sus canciones, su concepto sobre la religión, la monarquía, la honra y el amor. Los dramaturgos toman en cuenta a ese pueblo y así se crea un teatro nacional.

Si el teatro es espectáculo, es, como el Romancero, principalmente, literatura que entra por el oído, literatura de la que podían disfrutar los analfabetos, los cultos analfabetos del Siglo de Oro. En el Romancero se narra, con matices líricos o sirviéndose de interlocuciones. En el teatro acontece una acción en la cual unos personajes presentan un trozo del gran panorama vital por medio del diálogo. Todo el universo poético del Romancero se traslada a las tablas no sólo en los asuntos históricos y legendarios que introduce

[1] En el caso de Lope de Vega, en contra de nuestro criterio que nos aconseja que no dividamos la obra de un escritor, lo hemos colocado en ambos apartados —poesía y drama— por creer que queda más claro para el estudiante.

Juan de la Cueva (1543–1610) y siguen Guillén de Castro, Lope de Vega y otros, sino en el espíritu y la forma.

El Romancero y las crónicas que recogen los antiguos cantares de gesta son una de la fuentes de la que sacan temas los dramaturgos. No es de extrañar, pues, que también adopten el metro del romance como uno de los vehículos para manifestar sus ideas y sentimientos los personajes de las comedias; el octosílabo es el medio natural de expresión para un español.

Conocido es el trozo del *Arte nuevo de hacer comedias* (1609) en el que Lope de Vega aconseja:

> Acomode los versos con prudencia
> a los sujetos de que va tratando.
> Las décimas son buenas para quejas;
> el soneto está bien en los que aguardan;
> las relaciones piden los romances,
> aunque en octavas lucen por extremo.
> Son los tercetos para cosas graves,
> y para las de amor las redondillas.

Esto es, en versos octosílabos, asonantes los pares, se debe narrar. Mas también en romance puede decir el actor un trozo largo sin narrar precisamente. Porque el romance se emplea en el teatro, así como en el Romancero, para expresarlo todo —una queja, un sentimiento, una ideología— y para describir.

Además del metro del romance —de fácil comprensión para el oyente— la intuición guía a los dramaturgos a entremeter en sus obras romances, o parte de éstos, que el auditorio tenía grabados en la memoria. El entusiasmo con que se oía recitar algo conocido constituyó un triunfo más para el autor que tomaba en consideración a su público.

Las selecciones son de obras de Guillén de Castro, renovador del tema histórico-legendario; de Lope y de Tirso, de tipo amoroso y de tipo descriptivo respectivamente; y de Calderón, una muestra del concepto de hidalguía que tenían moros y cristianos aun en la guerra.

EL ROMANCE EN LA POESÍA

Luis de Góngora y Argote (1561–1627)

Este gran poeta cordobés fue sacerdote como tantos otros escritores del Siglo de Oro: Lope, Tirso, Calderón, etc. Pero no fue la religión su verdadero culto sino la poesía. En ésta apenas queda lugar para lo religioso ni para el amor verdaderamente sentido ni para ideologías trascendentes. A Góngora le atraía el embellecimiento de la realidad y, salvo en algunos casos en que en su proceso desrealizador la afeó, toda su poesía es una llamada a los sentidos para que se contemple la hermosura de la naturaleza. Los sonidos y los ritmos, la luminosidad y los colores, la forma y el movimiento, son las impresiones sensoriales que resaltan en sus versos. Al ennoblecer y estilizar la realidad, enriqueció no sólo el léxico poético sino la lengua en general con la cantidad de neologismos que empleó.

El enaltecimiento de la belleza la llevó a cabo el poeta a través de brillantes descripciones en las que se acumulan metáforas, alusiones mitológicas, hipérboles, trasposiciones sintácticas, antítesis, paralelismos, etc. Este es el Góngora "ángel de las tinieblas", autor de poemas tan hermosos, y tan difíciles de comprender para el lector medio, como "Polifemo" y las "Soledades", escritos en octavas y en silvas respectivamente.

El afán de novedades y la poesía arcana de difícil interpretación no se hallan sólo en Góngora. Se encuentran mucho antes, en la Edad Media, entre los trovadores provenzales que trovaban en la lengua *d'oc* (esto es, en la lengua del sur de Francia). Su técnica era tan complicada y los conceptos tan oscuros que resultaba la poesía un *trobar clus* (cerrado, oscuro, en contraposición con el *trobar clar*) pues ni aun los mismos poetas entendían a veces esa poesía arcana. El arte para un grupo selecto es lo que en el siglo XVII se llama barroquismo, fenómeno europeo que representan en Italia Juan Bautista Marino (1569–1625), Góngora en España, la "préciosité" en Francia, John Donne y Milton en Inglaterra. El poema *Adonis* de Marino es un derroche de metáforas e hipérboles asombrosas, de conceptos extravagantes, de agudezas sorprendentes; un verdadero despliegue de ingeniosidad y sonoridades y de descripciones minuciosas de la naturaleza y de la arquitectura. En Inglaterra, el antecedente de ese estilo artificial (eufuísmo) es la obra de John Lyly (*Euphues* 1579) con la abundancia de antítesis y de alusiones mitológicas. Mas los representantes ingleses más distinguidos en el siglo XVII son John Donne (1573–1631) y John Milton (1608–1674). Aunque las poesías de Donne no se publicaron hasta después de su muerte, circularon manuscritas y su estilo ejerció gran influencia entre los poetas contemporáneos por sus atrevidas metáforas, su imaginación y su conceptismo. En la obra maestra de Milton, *El paraíso perdido,* hay no sólo superabundancia de símiles, metáforas e hipérboles sino copiosas alusiones a la mitología y a sitios exóticos y gran afición a las piedras y los metales preciosos, igual que hallamos en Góngora. Al Góngora culterano, al "gongorino," al "puro" fue a quien rindieron homenaje en 1927 —tercer centenario de su muerte— los entonces jóvenes poetas Salinas, Guillén, Dámaso Alonso, Gerardo Diego, Alberti, García Lorca, los cuales, como el "maestro", relegaron a muy segundo lugar o descartaron en su propia poesía la anécdota y la humanización y ensalzaron la metáfora. A dos de estos poetas —G. Diego y D. Alonso— y al poeta mejicano Alfonso Reyes se debe en gran parte la interpretación de la poesía del ilustre cordobés.

Hay otro Góngora que alterna con el "ángel de las tinieblas"; es el "ángel de la luz", el fácil, el de las letrillas y el de romances moriscos, pastorales, de cautivos y de piratas. Entre estos romances artísticos se incluyen los que comienzan con estos versos: "La más bella niña", "Servía en Orán al rey", "En un pastoral albergue", que, según Angel del Río, "son muestras exquisitas del estilo popular artístico o del romance nuevo, cuya gracia tradicional se refina en Góngora con el arte de un poeta extraordinariamente dotado para expresar la hermosura."

"En un pastoral albergue", llamado también "Angélica y Medoro" es más artificioso. Abundan en él los rasgos del estilo gongorino: contraposiciones, paralelismos, perífrasis, mitos, metáforas, etc. Con la exaltación estética con que presenta el campo y a los amantes y su idilio, contrasta el romance burlesco "Ensíllenme el asno rucio".

LA MÁS BELLA NIÑA[1]

La más bella niña
de nuestro lugar,
hoy vïuda[2] y sola
y ayer por casar,[3]
5 viendo que sus ojos[4]
a la guerra van,
a su madre dice
que escucha su mal:
dejadme llorar
10 *orillas[5] del mar.*
Pues me distes, madre,

[1] Este romancillo hexasílabo (con versos de seis sílabas), dividido en grupos de 8 versos con un estribillo de dos, es, por la forma, una innovación del romance nuevo. Por el tema es una canción de amigo (la canción de amor que canta la joven dirigiéndose a su amado, o a la madre o a la naturaleza) de la tradición medieval.

[2] **vïuda:** La diéresis alarga una sílaba, como el verso necesita. La joven está viuda porque su marido se ha ido a la guerra.

[3] **ayer por casar:** Es decir, que se ha casado muy recientemente.

[4] **sus ojos:** su amor, su marido.

[5] **orillas:** a orillas. Poner el estribillo cada ocho versos era lo corriente.

en tan tierna edad,
tan corto el placer,
tan largo el penar,[6]
15 y me cautivastes[7]
de quien hoy se va
y lleva las llaves
de mi libertad,
dejadme llorar
20 *orillas del mar.*
En llorar conviertan
mis ojos, de hoy más,
el sabroso oficio
del dulce mirar,[8]
25 pues que no se pueden
mejor ocupar,
yéndose a la guerra
quien era mi paz.
Dejadme llorar
30 *orillas del mar.*
No me pongáis freno
ni queráis culpar;
que lo uno es justo,[9]
lo otro por de más.[10]
35 Si me queréis bien,
no me hagáis mal;
harto peor[11] fuera
morir y callar.
Dejadme llorar
40 *orillas del mar.*
Dulce madre mía,
¿quién no llorará,
aunque tenga el pecho

---

6 **el penar:** el sufrir, el sufrimiento.
7 **me cautivastes:** me hiciste cautiva del hombre con quien me casaste.
8 **En llorar . . . mirar:** El mirar a mi amado se convertirá ahora en llanto. *Oficio:* ocupación. *De hoy más:* de ahora en adelante.
9 **es justo:** es justo que tú, madre, no pongas freno a mi llanto.
10 **de más:** es inútil, o injusto, que me quieras culpar.
11 **harto peor:** mucho peor.

como un pedernal,[12]
45 y no dará voces
viendo marchitar
los más verdes años
de mi mocedad?
Dejadme llorar
50 *orillas del mar.*
Váyanse las noches,
pues ido se han
los ojos que hacían
los míos velar;
55 váyanse, y no vean
tanta soledad
después que en mi lecho
sobra la mitad.
Dejadme llorar
60 *orillas del mar.*

Servía en Orán al rey

Servía en Orán[1] al rey
un español con dos lanzas,[2]
y con el alma y la vida[3]
a una gallarda africana,
5 tan noble como hermosa,
tan amante como amada,
con quien estaba una noche

[12] **pedernal:** piedra dura que echa chispas de fuego al ser herida con un hierro.

[1] **Orán:** ciudad de Africa del Norte ocupada por tropas españolas durante bastantes años en la época del Renacimiento. Nótese que el ambiente morisco ya no lo sitúa el poeta en Andalucía, sino en Africa.

[2] **con dos lanzas:** es decir, con dos soldados a sus órdenes. Cuando algún noble cometía algún delito, solía castigársele condenándolo a servir al rey con dos o más "lanzas" (soldados) en Orán; esto es, se le desterraba allí a servir en la guerra y a pagar con su dinero dos o más soldados.

[3] **y . . . vida:** y (servía) con su alma y su vida.

cuando tocaron al arma.
Trescientos cenetes[4] eran
10 de este rebato la causa,
que los rayos de la luna
descubrieron las adargas;[5]
las adargas avisaron
a las mudas atalayas;[6]
15 las atalayas, los fuegos;
los fuegos a las campanas,
y ellos al enamorado
que, en los brazos de su dama,
oyó el militar estruendo
20 de las campanas y cajas.[7]
Espuelas de honor le pican,
y freno de amor le para;
no salir es cobardía,
ingratitud es dejarla.[8]
25 Del cuello pendiente ella,
viéndole tomar la espada,
con lágrimas y suspiros
le dice aquestas palabras:
Salid al campo, señor,
30 bañen mis ojos la cama,
que ella me será también,
sin vos, campo de batalla.
Vestíos, salid apriesa,
que el general os aguarda;
35 yo os hago a vos mucha sobra,[9]
y vos a él mucha falta.

---

4 **cenetes:** guerreros de la tribu de Zeneta, una de las más antiguas del Africa septentrional. Fijémonos en que los cenetes, causa de la alarma (*rebato*) (v. siguiente verso) son 300, número que aparece con frecuencia en los romances.

5 **adargas:** escudos redondos.

6 **atalayas:** las torres y los centinelas que están en ellas para observar el campo o el mar. Nótese la rapidez que se consigue con la elipsis.

7 **cajas:** tambores.

8 **Espuelas . . . dejarla:** Se repiten los contrastes —todo el romance es una serie de antítesis; aquí la lucha entre el amor por la africana y el honor que lleva al español a combatir al lado de los suyos.

9 **yo . . . sobra:** no me necesitáis, queréis libraros de mí.

Bien podéis salir desnudo,
pues mi llanto no os ablanda,
que tenéis de acero el pecho
40 y no habéis menester[10] armas.
Viendo el español brioso
cuánto le detiene y habla,
le dice así: Mi señora,
tan dulce como enojada,
45 porque con honra y amor
yo me quede, cumpla y vaya,
vaya a los moros el cuerpo,
y quede con vos el alma.
Concededme, dueño[11] mío,
50 licencia para que salga
al rebato, en vuestro nombre,
y en vuestro nombre combata.

---

[10] **no habéis menester:** no necesitáis.
[11] **dueño:** señora, amada. Uso anticuado de *dueño*.

EN UN PASTORAL ALBERGUE[1]

En un pastoral albergue
que la guerra entre unos robres[2]
lo dejó por escondido
o lo perdonó por pobre,

---

1 La gestas francesas penetraron en la península italiana por el norte, como era natural; en Venecia existen manuscritos que contienen poemas franceses escritos en Italia. La materia carolingia se propagó rápida y abundantemente en poemas franco-italianos; en libros en prosa; en imitaciones de éstos, en verso; y en poemas originales que se apartan del espíritu primitivo y a veces conservan sólo los nombres de los personajes tradicionales. Una colección en prosa de diversos poemas franco-italianos —*I Reali di Francia* (1350)— contribuyó a propagar la materia carolingia que en el Renacimiento se enfoca irónicamente. Es patente esta actitud irónica en dos poemas: en el *Morgante Maggiore* (1486) de Luigi Pulci (1432–1487) —mezcla caótica de fervor religioso e irreverencia sarcástica, de burla frívola y seriedad de propósito— y en *Orlando enamorado* (1486) de Matteo María Boiardo (1434?–1494) —entretejido de infinitas aventuras en las que Orlando y Reinaldo persiguen a la princesa china Angélica, deseosos de conseguir la correspondencia de su amor. No es éste el amor casto de Rolando por Alda sino un amor galante como el que se halla en los caballeros de la "Tabla redonda". El interés no radica ya en la guerra entre cristianos y musulmanes sino en el ambiente refinado y cortés en que los torneos y la pompa se entrecruzan con aventuras fantásticas y encantos perpetuos que dan al poema aire de libros de caballerías. (La traducción del *Orlando enamorado* y de otros poemas italianos apareció en España —segunda patria de los temas carolingios— en *Espejo de caballerías,* 1533). La ironía en la concepción del mundo que refleja, el enamorarse Rolando de Angélica y otros detalles pasan al gran poema el *Orlando furioso* (1510) de Lodovico Ariosto (1474–1533), poeta de imaginación rica y voluptuosa que posee gracia extraordinaria y el don de la poesía ligera y brillante. La locura de Orlando es sólo un episodio y tanto el héroe como su rival Reinaldo y Angélica, la amada de ambos (que se casa al fin con Medoro), pasan a ser personajes secundarios. El *Orlando furioso* fue muy leído en España e influyó en varios poetas y escritores, entre ellos en Luis Barahona de Soto (1548–1595), autor de *Las lágrimas de Angélica,* 1586, que desarrolla el episodio de Angélica y Medoro, y en Lope de Vega, que narra el mismo asunto en *La hermosura de Angélica,* 1602. Ambos poemas fueron alabados por el cura en el escrutinio de la biblioteca del *Quijote,* Parte I, cap. VI.

Uno de sus episodios (Canto XIX) inspira este romance de Góngora, en el cual ya hallamos el estilo barroco, culterano o gongorino, que se acentuará en los grandes poemas de este mismo autor, las *Soledades* y el *Polifemo.* Nótense las copiosas metáforas y alusiones mitológicas, así como la antítesis, el hipérbaton o cambio de lugar de las palabras, etc.

albergue: lugar de refugio, cabaña de pastores.

2 **robres:** robles. Forma culta derivada del latín.

5 do la paz viste pellico[3]
y conduce entre pastores
ovejas del monte al llano
y cabras del llano al monte,
mal herido y bien curado,
10 se alberga un dichoso joven,[4]
que sin clavarle Amor flecha
le coronó de favores.[5]
Las venas con poca sangre,
los ojos con mucha noche,[6]
15 le halló en el campo aquella
vida y muerte de los hombres.[7]
Del palafrén se derriba,[8]
no porque al moro conoce,
sino por ver que la yerba
20 tanta sangre paga en flores.[9]
Límpiale el rostro, y la mano
siente el Amor que se esconde
tras las rosas[10] que la muerte
va violando sus colores.
25 Escondiose tras las rosas,
por que labren sus arpones
el diamante del Catay
con aquella sangre noble.[11]
Ya le regala los ojos,
30 ya le entra, sin ver por dónde,

---

3 **do . . . pellico:** donde la paz (personificada en los pastores) viste un pellico (chaqueta hecha de pieles de oveja o de otros animales).

4 **se . . . joven:** se protege, se refugia, un joven feliz. Góngora introdujo en el castellano nuevas palabras del latín; algunas, muy pocas, no subsistieron en la lengua corriente. En el grupo de palabras que quedaron, y son usadas hoy corrientemente, están *joven, adolescente, alternar, candor*.

5 **que sin . . . favores:** que sin sentir él el amor, inspiró amor.

6 **con mucha noche:** por la proximidad de la muerte.

7 **vida . . . hombres:** es decir, Angélica, princesa del Catay (la China), de quien se enamoraron muchos hombres, entre otros Orlando.

8 **Del . . . derriba:** Angélica baja del caballo.

9 **tanta . . flores:** la yerba da flores alrededor de la sangre de Medoro.

10 **las rosas:** son las mejillas de Medoro que ya se van poniendo de color violeta. Angélica se enamora del moribundo Medoro.

11 **Escondiose . . . noble:** El Amor se esconde tras las mejillas del joven para poder lanzar sus dardos (arpones) al corazón de Angélica (diamante, porque es muy duro); cree que podrá ablandarlo, gracias a la noble sangre de Medoro.

una piedad mal nacida
entre dulces escorpiones.
Ya es herido el pedernal,[12]
ya despide el primer golpe
35 centellas de agua, ¡oh, piedad,
hija de padres traidores!
Yerbas aplica a sus llagas,[13]
que si no sanan entonces,[14]
en virtud de tales manos
40 lisonjean los dolores.[15]
Amor le ofrece su venda,
mas ella sus velos rompe
para ligar sus heridas;
los rayos del sol perdonen.[16]
45 Los últimos nudos daba
cuando el cielo la socorre
de un villano en una yegua
que iba penetrando el bosque.[17]
Enfrénanle[18] de la bella
50 las tristes piadosas voces,
que los firmes troncos mueven
y las sordas piedras oyen;
y la que mejor se halla
en las selvas que en la corte,
55 simple bondad,[19] al pío ruego
cortésmente corresponde.
Humilde se apea el villano,

---

12 **pedernal:** el corazón de Angélica, muy duro, como el pedernal, que, en vez de centellas o chispas de fuego, despide (emite) lágrimas, hijas de los ojos que —sensibles a pesar de todo— lo han traicionado.

13 **Yerbas . . . llagas:** Angélica cura con yerbas las heridas (llagas) de Medoro.

14 **que . . . entonces:** y si las heridas no se curan en este momento.

15 **lisonjean . . . dolores:** se alegran de los dolores (porque Angélica los cura.)

16 **perdonen:** que perdonen los rayos del sol el que Angélica sea más bella que el mismo sol cuando ésta se descubre o desnuda al quitarse los velos para vendar las heridas de Medoro.

17 **de . . . bosque:** a través de un campesino que iba entrando en el bosque montado en una yegua.

18 **Enfrénanle:** las voces —las palabras, los gritos— de Angélica detienen al campesino.

19 **simple bondad:** la sencilla bondad del campesino, más propia de las selvas y los campos que de la vida cortesana, responde a la piadosa —caritativa— súplica o petición de Angélica.

y sobre la yegua pone
un cuerpo con poca sangre,
60 pero con dos corazones.[20]
A su cabaña los guía;
que el sol deja su horizonte
y el humo de su cabaña
les va sirviendo de norte.[21]
65 Llegaron temprano a ella,
do una labradora acoge
un mal vivo con dos almas,[22]
una ciega con dos soles.[23]
Blando heno[24] en vez de pluma[25]
70 para lecho les compone,
que será tálamo[26] luego
do el garzón sus dichas logre.[27]
Las manos, pues, cuyos dedos
de esta vida fueron dioses,[28]
75 restituyen a Medoro
salud nueva, fuerzas dobles,
y le entregan, cuando menos,
su beldad y un reino en dote,
segunda envidia de Marte,
80 primera dicha de Adonis.[29]
Corona un lascivo enjambre[30]
de Cupidillos menores
la choza,[31] bien como abejas

---

[20] **dos corazones:** el suyo, de Medoro, y el de Angélica, enamorada de él.
[21] **de norte:** de guía.
[22] **dos almas:** Medoro, con su propia alma y la de Angélica.
[23] **dos soles:** Angélica, ciega de amor pero con dos bellos ojos (*soles*).
[24] **heno:** hierba seca para el ganado.
[25] **pluma:** les prepara una cama, un lecho.
[26] **tálamo:** lecho de amor, lecho nupcial.
[27] **do . . . logre:** donde el muchacho (garzón) será dichoso, feliz.
[28] **Las manos . . . dioses:** Las manos de Angélica fueron como dioses, porque han tenido la facultad, el poder, de resucitar a Medoro.
[29] **Adonis:** amante de Venus. La belleza de Angélica sería la felicidad, la dicha, de Adonis. Su reino sería la envidia o el deseo de Marte, amante de Venus; "segunda", porque la guerra es el primer deseo de Marte.
[30] **enjambre:** grupo de abejas que sale de una colmena.
[31] **la choza:** La cabaña está coronada por un enjambre de Cupidos.

hueco tronco de alcornoque.[32]
85 ¡Qué de nudos le está dando
a un áspid la Envidia[33] torpe,
contando de las palomas
los arrullos gemidores![34]
¡Qué bien la destierra Amor,
90 haciendo la cuerda azote,[35]
porque el caso no se infame
y el lugar no se inficione![36]
Todo es gala el africano,
su vestido espira olores,[37]
95 el lunado arco suspende[38]
y el corvo alfanje depone.[39]
Tórtolas enamoradas
son sus roncos atambores,[40]
y los volantes de Venus
100 sus bien seguidos pendones.[41]
Desnuda el pecho anda ella,
vuela el cabello sin orden;
si lo abrocha, es con claveles,
con jazmines si lo coge.[42]

---

32 **bien . . . alcornoque:** igual que un tronco de alcornoque está rodeado por un enjambre de abejas. La corteza del tronco del alcornoque constituye el corcho.

33 **la Envidia:** La Envidia hace un nudo en un áspid (una serpiente, símbolo de la Envidia) cada vez que se acarician los amantes.

34 **contando . . . gemidores:** La Envidia cuenta los arrullos o cantos de las palomas, símbolos de Venus.

35 **Qué . . . azote:** El Amor destierra a la Envidia azotándola, dándole golpes, con la misma serpiente que la Envidia había anudado.

36 **porque . . . inficione:** para que no se sepa nada de lo sucedido y el lugar siga sin mancha.

37 **espira olores:** huele a perfume.

38 **lunado . . . suspende:** cuelga, coloca en un clavo; el arco que tiene forma de luna.

39 **corvo . . . depone:** deja en el suelo el curvado alfanje (espada curva).

40 **Tórtolas . . . atambores:** Medoro, el guerrero, va precedido, sin armas, del canto de las tórtolas, símbolo de la felicidad conyugal o amorosa, en vez de ir precedido de tambores; no va tras las banderas sino tras el amor, tras las palomas de Venus, símbolo del amor profano en la mitología. Probablemente, en el siguiente verso, los volantes del vestido de Angélica, equivalen, en la batalla de amor, a la bandera del guerrero.

41 **pendones:** banderas.

42 **si lo . . . coge:** Claveles y jazmines son los dedos que abrochan el corpiño y recogen el cabello.

105 El pie calza en lazos de oro,
porque la nieve[43] se goce,
y no se vaya por pies
la hermosura del orbe.[44]
Todo sirve a los amantes,
110 plumas les baten veloces,[45]
airecillos lisonjeros
si no son murmuradores.
Los campos les dan alfombras,
los árboles, pabellones;[46]
115 la apacible fuente, sueño;
música, los ruiseñores.
Los troncos les dan cortezas,
en que se guarden sus nombres[47]
mejor que en tablas de mármol
120 o que en láminas[48] de bronce.
No hay verde fresno[49] sin letra,
ni blanco chopo[50] sin mote;
si un valle *Angélica* suena,
otro *Angélica* responde.
125 Cuevas do el silencio apenas
deja que sombras las moren,[51]
profanan con sus abrazos
a pesar de sus horrores.
Choza, pues, tálamo y lecho,
130 cortesanos labradores,
aires, campos, fuentes, vegas,
cuevas, troncos, aves, flores,

---

[43] **la nieve:** los blancos pies de Angélica. Juego de palabras en este verso y los siguientes, con los lazos que se ata en los pies Angélica y el deseo de que no se escape ella, la belleza del mundo, por los pies (corriendo).

[44] **orbe:** mundo.

[45] **plumas . . . veloces:** los pájaros, veloces, rápidos, baten el aire con sus alas.

[46] **pabellones:** doseles o cortinas que se ponen formando techo sobre una cama, un trono, etc.

[47] **sus nombres:** como en las novelas pastoriles, los amantes graban sus nombres en los árboles.

[48] **láminas:** planchas metálicas.

[49] **fresno:** árbol de tronco grueso cuya madera es muy apreciada por su elasticidad.

[50] **chopo:** álamo negro.

[51] **las moren:** las habiten.

fresnos, chopos, montes, valles,
contestes destos amores,
135 el cielo os guarde, si puede,
de las locuras del Conde.[52]

Ensíllenme el asno rucio[1]

—Ensíllenme el asno rucio
del alcalde Antón Llorente,
denme el tapador de corcho[2]
y el gabán[3] de paño verde,
5 el lanzón[4] en cuyo hierro
se han orinado[5] los meses,
el casco de calabaza
y el vizcaíno machete,
y para mi caperuza[6]
10 las plumas del tordo denme,
que por ser Martín el tordo,
servirán de martinetes.[7]

---

52 **Chozas . . . Conde:** El poeta se dirige a los testigos (contestes) de los amores de Angélica y Medoro en una enumeración bastante larga, para desearles finalmente que el cielo les proteja de las furias de Orlando (el Conde) que en su locura destruye árboles y todo lo que encuentra por delante.

1 Este romance es una parodia del tema caballeresco: la partida del guerrero que va a luchar y deja a su amada; en particular, es una parodia de un romance de Lope de Vega, "Ensíllenme el potro rucio".

Rucio: caballo —o asno— de color gris claro. Nótese cómo emplea Góngora las palabras más vulgares en vez de las poéticas. Ejemplos: *virote* en lugar de *saeta,* flecha; *en pelota* en vez de *desnudo,* etc. Esto es, Góngora rebaja la realidad que en otras poesías ennoblece.

2 **tapador de corcho:** tapadera de corcho que el pseudo-caballero va a emplear como escudo.

3 **gabán:** abrigo.

4 **lanzón:** lanza grande.

5 **orinado:** juego de palabras con los dos sentidos de *orinar*: expeler la orina y formar óxido rojizo en el hierro.

6 **caperuza:** gorro puntiagudo.

7 **martinetes:** aves de cuyas plumas se hacían penachos para las gorras y sombreros; adorno con esas plumas. Las plumas del tordo —pardo verdosas y blanco amarillentas— son menos elegantes.

Pondrele el orillo[8] azul
que me dio para ponelle[9]
15 Teresa la del Villar,
hija de Pascual Vicente,
y aquella patena[10] en cuadro,
donde de latón[11] se ofrecen
la madre del virotero[12]
20 y aquel dios que calza arneses,[13]
tan en pelota,[14] y tan juntos,
que en ciegos nudos los tienen
al uno redes y brazos
y al otro brazos y redes;
25 cuyas figuras en torno
acompañan y guarnecen
ramos de nogal y espinas,
y por letra pan y nueces.—

Esto decía Galayo
30 antes que al Tajo partiese;
aquel yegüero[15] llorón
aquel jumental jinete,[16]
natural de do nació,
de yegüeros descendiente,
35 hombres que se proveen ellos,
sin que los provean los reyes.
Trajéronle la patena,
y suspirando mil veces,
del dios garañón miraba
40 la dulce Francia y la suerte.[17]

---

8 **Pondrele el orillo:** Le pondré (a la caperuza) la orilla de la tela.
9 **ponelle:** ponerle.
10 **patena:** medalla.
11 **latón:** mezcla de cobre y cinc de color amarillo.
12 **virotero:** el que lanza flechas: Cupido; la madre del virotero, Venus.
13 **que calza arneses:** que lleva armadura: Marte, por quien Venus fue infiel a Vulcano, su marido. Este fabricó una red en la que aprisionó a los dos amantes. La medalla describe esta escena.
14 **en pelota:** desnudos.
15 **yegüero:** Galayo, el "héroe" del romance, cuida yeguas para la cría de caballos.
16 **jumental jinete:** jinete en un jumento (asno).
17 **del dios . . . suerte:** miraba al dios garañón (caballo semental, esto es, destinado a ejercer las funciones de la generación), Marte, envidiando su suerte.

Piensa que será Teresa
la que descubren, y prenden
agudos rayos de envidia,
y de celos nudos fuertes.[18]

45 —Teresa de mis entrañas,
no te gazmies ni ajaqueques;[19]
que no faltarán zarazas[20]
para los perros que muerden.
Aunque es largo mi negocio,
50 mi vuelta será muy breve,
el día de San Ciruelo
o la semana sin viernes.
No te parezcas a Venus,
ya que en beldad le pareces,
55 en hacer de tantos huevos
tantas frutas de sartenes.[21]
Cuando sola te imagines,
para que de mí te acuerdes,
ponle a un pantuflo[22] aguileño
60 un reverendo bonete.
Si creciere la tristeza,
una lonja cortar puedes
de un jamón, que bien sabrá
tornarte de triste alegre.
65 ¡Oh, cómo sabe una lonja
más que todos cuantos leen,
y rabos de puercos más
que lenguas de bachilleres![23]
Mira, amiga, tu pantuflo,
70 porque verás si le vieres,
que se parece a mi cara

---

18 **Teresa ... fuertes:** al pensar que Teresa, y no Venus, es la descubierta con Marte, siente Galayo envidia y celos.

19 **no te ... ajaqueques:** no te quejes y que no te dé jaqueca (dolor de cabeza).

20 **zarazas:** veneno para dar a un perro.

21 **frutas de sartenes:** el sentido es: no me seas infiel; no conviertas los huevos (el sexo masculino) en fruta de sartén, es decir, en una situación embarazosa.

22 **pantuflo:** zapatilla.

23 **cómo sabe ... bachilleres:** juego de palabras: *saber* significa al a vez tener sabor y conocimiento.

como una leche a otra leche.
Acuérdate de mis ojos,
que están cuando estoy ausente,
75 encima de la nariz
y debajo de la frente.—

En esto llegó Bandurrio,
diciéndole que se apreste;
que para sesenta leguas
80 le faltan tres veces veinte.
A dar, pues, se parte el bobo[24]
estocadas[25] y reveses[26]
y tajos orilla el Tajo[27]
en mil hermosos broqueles.[28]

Lope de Vega (*1562–1635*)

Como Góngora, fue sacerdote y poeta —poeta culto y poeta tradicional pero con muchos más matices y mayor amplitud de temas. Pero, sobre todo, poeta más humano. Fue un extraordinario poeta lírico —"la naturaleza poética de la Edad Moderna", según decía el crítico austriaco Grillparzer— y el verdadero creador del teatro español, además de ser el dramaturgo más prolífico del mundo. En prosa, su obra maestra es *La Dorotea,* novela dialogada escrita en su juventud, retocada en su vejez y publicada en 1632; en ella insertó preciosas poesías.

Como poeta, no sólo se inspiró en los temas de la tradición poética sino que vertió en sus versos sus experiencias vitales, con el impulso característico de su temperamento. "Potro es gallardo, pero va sin freno", dijo Góngora de este ilustre madrileño. Esas experiencias eran bien de índole amorosa —se casó dos veces, tuvo muchos hijos

---

[24] **bobo:** tonto.
[25] **estocadas:** golpes que se tiran de punta con el estoque, o espada muy delgada.
[26] **reveses:** golpes dados con la espada de izquierda a derecha.
[27] **tajos . . . Tajo:** tajos (golpes dados de derecha a izquierda) a orillas del río Tajo.
[28] **broqueles:** escudos.

y muchas amantes— o bien de índole religiosa —su vida fue un continuo pecar y arrepentirse. En sus versos hallamos desde el amor más tierno y puro hasta el más apasionado y dramático en sendas poesías dedicadas a la Virgen, a Cristo, a sus hijos, o a sus amantes. En la gran diversidad de matices encontramos poesía sencilla y espontánea; poesía de imágenes e ingenio; poesía en que fundió lo popular, refinándolo, con lo culto y literario, humanizándolo y vitalizándolo.

Ejemplos de poesía religiosa son "La Niña a quien dijo el Angel" —divinización de una nana y estampa murillesca de exquisito candor— y el romance que damos sobre la pasión de Cristo, de un dramatismo a ratos estremecedor, por no decir horroroso. Añadimos un romance morisco, quizás el más conocido de sus romances artísticos, en el que describe una vivencia juvenil; otras veces disfrazó sus experiencias en romances pastoriles. Tanto éstos como los moriscos estuvieron muy de moda desde mediados de siglo XVI y llegaron a su culminación no sólo con Lope sino con Góngora. Al fin "A mis soledades voy", romance de fondo filosófico-moral, en el cual actualiza el tema horaciano del *Beatus ille* y expone sus decepciones. Ya no muestra la alegría y la vitalidad de sus años mozos sino melancolía resignada ante el desengaño y un tono reflexivo que contrasta con la tonalidad impulsiva de sus romances de juventud. Es "el romance sentencioso más bello de toda nuestra literatura", como dice José Manuel Blecua.

Su teatro es un teatro vital y romántico. Lope, hombre de gran cultura, conocía la historia, la teología, la literatura grecolatina, la italiana y la española. De todo aprovechó lo que le interesaba. Sumó a los asuntos históricos y legendarios las costumbres de su pueblo y de su tiempo, los cantares populares, el concepto que tenía el español del honor, de la lealtad al rey, de la religión: esto es, creó un teatro que refleja el sentir y el pensar colectivo, un teatro nacional.

Con acierto desechó Lope las reglas clásicas y no se detuvo demasiado en el análisis de los conflictos que agitaban a sus protagonistas; le bastaba con apuntarlos parcamente. Es teatro en verso que poetiza la realidad circundante y enaltece a menudo al villano, elevando a una y otro a un plano artístico, como se verá en la escena de *Peribáñez,* comedia inspirada en un romance. Lope satisfizo la apetencia de fantasía, de poesía que tenía su público, aquel público ruidoso, exigente, insaciable, al que no le importaba la repetición de tramas si iban éstas envueltas en un ropaje sonoro y poético. Sólo con la hermosura de los versos podían calmarse aquellos mosqueteros que se oían la comedia de pie. El gran dramaturgo supo lo que exigía su público y supo ennoblecer sus inclinaciones elevándolo a un nivel artístico.

La Niña[1] a quien dijo el Angel

La Niña a quien dijo el Angel
que estaba de gracia llena
cuando de ser de Dios Madre
le trujo[2] tan altas nuevas,
5 ya le mira[3] en un pesebre[4]
llorando lágrimas tiernas,
que, obligándole a ser hombre,
también se obliga a sus penas.
—¿Qué tenéis, dulce Jesús?
10 le dice la Niña bella.
—¿Tan presto sentís, mis ojos,[5]
el dolor de mi pobreza?
Yo no tengo otros palacios
en que recibiros pueda,
15 sino mis brazos y pechos
que os regalan y sustentan.
No puedo más, amor mío,

[1] **la Niña:** la Virgen.
[2] **trujo** (ant.): trajo.
[3] **ya le mira:** mira a Jesús. Nótese que este presente *mira* actualiza la acción, hasta aquí contada en el pasado. En la Edad Media se cantaba sólo a la Virgen; en el siglo XVI se incorpora al Niño.
[4] **pesebre:** especie de cajón donde comen los caballos y otras bestias; lugar destinado para este fin; en un pesebre de Belén nació Jesús.
[5] **mis ojos:** mi querido (Niño), mi amor.

porque si yo más pudiera,
vos sabéis que vuestros cielos
20 envidiaran mi riqueza.
El Niño recién nacido
no mueve la pura lengua,
aunque es la sabiduría
de su Eterno Padre inmensa.
25 Mas revelándole al alma
de la Virgen la respuesta,
cubrió de sueño en sus brazos
blandamente sus estrellas.[6]
Ella entonces desatando
30 la voz regalada y tierna,
así tuvo a su armonía
la de los cielos suspensa.[7]
—Pues andáis en las palmas,[8]
ángeles santos,
35 *que se duerme mi Niño,*
tened[9] *los ramos.*
Palmas de Belén,
que mueven airados
los furiosos vientos
40 que suenan tanto,
no le hagáis ruido,
corred más paso,[10]
que se duerme mi Niño,
tened los ramos.
45 El Niño divino,
que está cansado
de llorar en la tierra
por su descanso,

---

6 **estrellas:** los ojos del Niño.

7 **tuvo . . . suspensa:** tuvo la armonía de los cielos suspensa a la armonía de su voz.

8 **Pues . . . palmas:** Lope emplea en esta canción de cuna versos asonantes de 7, 5 y 6 sílabas (o sea heptasílabos, pentasílabos, y hexasílabos). El romance y la canción, por su dulzura y delicadeza, recuerdan la suavidad y el candor de las Vírgenes y los Niños de Murillo. Suele imprimirse la canción sin el romance pero damos ambos por creer que se complementan y por parecernos éste de una gran ternura.

9 **tened:** sostened.

10 **más paso:** más calladamente.

sosegar quiere un poco
50 del tierno llanto,
que se duerme mi Niño,
tened los ramos.
Rigurosos yelos[11]
le están cercando,
55 ya veis que no tengo
con qué guardarlo.
Angeles divinos,
que vais volando,
que se duerme mi Niño,
60 *tened los ramos.*

Al levantarle en la cruz

Vuestro esposo está en la cama,
alma, siendo vos la enferma;
partamos a visitarle,
que dulcemente se queja.
5 En la cruz está Jesús,
adonde dormir espera
el postrer sueño por vos,
bien será que estéis despierta.
Llegad y miradle echado,
10 enjugadle la cabeza,
que el rocío de esta noche
le ha dado sangre por perlas.
Mas ¿cómo podría dormir?
que ya la mano siniestra
15 la clava un fiero verdugo;[1]
nervios y ternillas suenan.
Poned, alma, el corazón,

---

[11] **yelos:** hielos.
[1] **verdugo:** el hombre que ejecuta la pena de muerte.

si llegar a Cristo os dejan,
entre la cruz y la mano
20 por que os la claven con ella.
Mas ¡ay Dios! que ya le tiran
de la mano, que no llega
al barreno que en la cruz
hicieron las suyas fieras.[2]
25 Con una soga doblada
atan la mano derecha
del que a desatar venía
tantos esclavos con ella.[3]
De su delicado brazo
30 tiran todos con tal fuerza,
que todas las coyunturas
le desencajan y quiebran.
Alma, lleguemos ahora,
en coyuntura tan buena,[4]
35 que no la hallaréis mejor,
aunque está Cristo sin ellas.[5]
Ya clavan la diestra mano,
haciendo tal resistencia
el hierro, entrando el martillo,
40 que parece que le pesa.[6]
Los pies divinos traspasan,
y cuando el verdugo yerra[7]
de dar en el clavo el golpe,
en la santa carne acierta.
45 Hasta los pies y las manos
de Jesús los clavos entran,
pero a la Virgen María
las entrañas le atraviesan.

---

2 **las suyas fieras:** que hicieron las manos fieras del verdugo que le clava la mano izquierda a Jesús.

3 **del que . . . con ella:** de Cristo que venía a dar la libertad a los esclavos con la mano que le atan los verdugos.

4 **en coyuntura tan buena:** en tan buena ocasión.

5 **sin ellas:** sin coyunturas, sin articulaciones.

6 **que parece que le pesa:** que parece que le entristece al hierro atravesar la mano de Cristo.

7 **yerra** (errar)**:** no acierta, no da en el punto preciso; aquí, no da en el clavo.

No dan golpes los martillos
50 que en las entrañas no sean
de quien fue la carne y sangre
que vierten y que atormentan.[8]
A Cristo en la cruz enclavan
con puntas de hierro fieras,[9]
55 y a María crucifican
el alma con clavos de penas.
Al levantar con mil gritos
la soberana bandera
con el Cordero por armas,
60 imagen de su inocencia,
cayó la viga en el hoyo
y antes de tocar la tierra,
desgarrándose las manos,
dio en el pecho la cabeza.
65 Salió de golpe la sangre,
dando color a las piedras,
que pues no la tiene el hombre
bien es que tengan vergüenza.[10]
Abriéronse muchas llagas,
70 que del aire estaban secas,
y el inocente Jesús
de dolor los ojos cierra.
Pusiéronle a los dos lados
dos ladrones por afrenta;
75 que a tanto llega su envidia,
que quieren que lo parezca.[11]
Poned los ojos en Cristo,
alma, este tiempo que os queda,
y con la Virgen María
80 estad a su muerte atenta.

---

[8] **de quien . . . atormentan:** de la Virgen a cuyo hijo (su carne y su sangre) están atormentando y de quien están vertiendo la sangre.

[9] **con puntas . . . fieras:** con puntas fieras de hierro.

[10] **que pues . . . vergüenza:** que pues el hombre no tiene vergüenza está bien que se avergüencen las piedras, a las que ha coloreado la sangre de Cristo.

[11] **que lo parezca:** que parezca ladrón.

Decidle: Dulce Jesús,
vuestra cruz mi gloria sea.
Ánimo, a morir, Señor,
para darme gloria eterna.

Mira, Zaide, que te aviso[1]

—Mira, Zaide, que te aviso
que no pases por mi calle
ni hables con mis mujeres,
ni con mis cautivos trates,
5 ni preguntes en qué entiendo[2]
ni quién viene a visitarme,
qué fiestas me dan contento
o qué colores me aplacen;
basta que son por tu causa
10 las[3] que en el rostro me salen,
corrida de haber mirado
moro que tan poco sabe.
Confieso que eres valiente,[4]
que hiendes, rajas y partes
15 y que has muerto más cristianos
que tienes gotas de sangre;
que eres gallardo jinete,

---

1 Lope vertía sus amores en versos, muchos de éstos escritos en romances pastoriles o moriscos. En el romance morisco "Mira, Zaide" poetiza el enfado de su amante Elena Osorio, en cuya boca pone el romance porque Lope (Zaide) llevaba en el sombrero un mechón de pelo que la madre de Elena le había arrancado a ésta. El romance se cantaba mucho en Madrid y el primer verso pasó a ser una frase corriente, una muletilla. Góngora compuso un romance burlesco parodiando el de Lope. La moda del romance morisco se extingue a fines del siglo XVI. Fijémonos en que en el segundo verso alude Lope al castigo que en 1588 se la había impuesto de no pasar por la calle de Lavapiés, donde vivía Elena.

2 **en qué entiendo:** en qué me ocupo.

3 **las:** *las* se refiere a *colores*.

4 **valiente:** Sigue el retrato de Lope que, como se verá, estaba muy bien dotado.

que danzas, cantas y tañes,
gentil hombre, bien criado
20 cuanto puede imaginarse;
blanco, rubio por extremo,
señalado por linaje,
el gallo de las bravatas,
la nata de los donaires,
25 y pierdo mucho en perderte
y gano mucho en amarte,
y que si nacieras mudo[5]
fuera posible adorarte;
y por este inconveniente
30 determino de dejarte,
que eres pródigo de lengua
y amargan tus libertades
y habrá menester ponerte
quien quisiere sustentarte
35 un alcázar en el pecho
y en los labios un alcaide.
Mucho pueden con las damas
los galanes de tus partes,[6]
porque los quieren briosos,
40 que rompan y que desgarren;
mas tras esto, Zaide amigo,
si algún convite te hacen,
al plato de sus favores
quieren que comas y calles.
45 Costoso fue el que te hice;
venturoso fueras, Zaide,
si conservarme supieras
como supiste obligarme.
Apenas fuiste salido
50 de los jardines de Tarfe
cuando hiciste de la tuya
y de mi desdicha alarde.

---

[5] **que si nacieras mudo:** Alude a los comentarios indiscretos que Lope había hecho. Terminados los amores de Elena y Lope, publicó el poeta un libelo en latín macarrónico, esto es, en latín defectuoso, que le valió el destierro de Madrid.

[6] **partes:** cualidades.

A un morito mal nacido
me dicen que le enseñaste
55 la trenza de los cabellos[7]
que te puse en el turbante.
No quiero que me la vuelvas
ni quiero que me la guardes,
mas quiero que entiendas, moro,
60 que en mi desgracia la traes.
También me certificaron
cómo le desafiaste[8]
por las verdades que dijo,
que nunca fueran verdades.[9]
65 De mala gana me río;
¡qué donoso disparate!
No guardas tú tu secreto
¿y quieres que otro le guarde?
No quiero admitir disculpa;
70 otra vez vuelvo a avisarte
que ésta será la postrera
que me hables y te hable.
Dijo la discreta Zaida
a un altivo bencerraje[10]
75 y al despedirle repite:
"Quien tal hace, que tal pague."

A MIS SOLEDADES[1] VOY

A mis soledades voy,
de mis soledades vengo,

---

7 **la trenza de los cabellos:** Es la poetización del mechón de pelo que llevaba Lope en el sombrero (aquí, turbante).

8 **le desafiaste:** *le* se refiere al morito.

9 **que nunca fueran verdades:** Se sobrentiende *ojalá*.

10 **bencerraje:** Abencerraje; pertenecía a una familia granadina, enemiga de los Zegríes.

1 **La soledad:** tema lírico muy desarrollado en la poesía del XVI y el XVII. Puede referirse al sentimiento que lleva al hombre a acogerse a la naturaleza "huyendo del

porque para andar conmigo
me bastan mis pensamientos.[2]
5 No sé que tiene el aldea[3]
donde vivo y donde muero,
que con venir de mí mismo
no puedo venir más lejos.[4]
Ni estoy bien ni mal conmigo
10 mas dice mi entendimiento
que un hombre que todo es alma
está cautivo en su cuerpo.
Entiendo lo que me basta
y solamente no entiendo
15 cómo se sufre a sí mismo
un ignorante soberbio.
De cuantas cosas me cansan
fácilmente me defiendo;
pero no puedo guardarme
20 de los peligros de un necio.
El dirá que yo lo soy,
pero con falso argumento;
que humildad y necedad
no caben en un sujeto.
25 La diferencia conozco
porque en él y en mí contemplo
su locura en su arrogancia,
mi humildad en mi desprecio.

---

mundanal ruido" o al que le lleva a refugiarse en su propio espíritu. Este segundo concepto se halla en el romance de Lope, del que dice Juan Ramón Jiménez, "es pensativo y sensitivo como un romance de hoy".

[2] **mis pensamientos:** Estos pensamientos, que se van expresando sin realmente unirse, son de carácter moral; el poeta desprecia las vanidades del mundo porque la experiencia le ha enseñado que hay cosas más profundas y valiosas. El movimiento del romance es cuaternario, esto es, va en unidades de cuatro versos a las que une la asonancia de los pares y el tono de desengaño pero apenas el asunto.

[3] **el aldea:** Se anteponía el artículo masculino a nombres femeninos que empezaban con *a*, llevara esa *a* el acento prosódico o no lo llevara; así se decía "el aurora", por ejemplo.

[4] **más lejos:** Se considera el poeta tan apartado de todo que, aun viniendo de sí mismo, está muy alejado de todo lo circundante.

O sabe naturaleza
30 más que supo en este tiempo,
o tantos que nacen sabios
es porque lo dicen ellos.
"Sólo sé que no sé nada",
dijo un filósofo[5] haciendo
35 la cuenta con su humildad,
adonde lo más es menos.
No me precio de entendido,
de desdichado me precio;
que los que no son dichosos,
40 ¿cómo pueden ser discretos?
No puede durar el mundo
porque dicen, y lo creo,
que suena a vidrio quebrado
y que ha de romperse presto.
45 Señales son del jüicio[6]
ver que todos le perdemos,
unos por carta de más,
y otros por carta de menos.[7]
Dijeron que antiguamente
50 se fue la verdad al cielo;
¡tal la pusieron los hombres,
que desde entonces no ha vuelto!
En dos edades vivimos
los propios y los ajenos,
55 la de plata los extraños,
y la de cobre los nuestros.
¿A quién no dará cuidado,
si es español verdadero,
ver los hombres a lo antiguo
60 y el valor a lo moderno?[8]

---

5 **un filósofo:** Sócrates (470–399 a. de J.C.).

6 **jüicio:** Se pone una diéresis sobre la *u* de juicio por necesitar una sílaba más para que el verso sea octosílabo.

7 **unos por carta de más . . . de menos:** algunos por exceso y otros, por privación.

8 **a lo moderno:** de lo antiguo tienen los hombres de hoy el gesto, lo exterior, pero no tienen el valor y los bríos de antaño (del tiempo antiguo).

Todos andan bien vestidos
y quéjanse de los precios,
de medio arriba, romanos,
de medio abajo, romeros.[9]
65 Dijo Dios que comería
su pan el hombre primero
en el sudor de su cara
por quebrar su mandamiento;[10]
y algunos inobedientes
70 a la vergüenza y al miedo,
con las prendas de su honor
han trocado los efectos.
Virtud y filosofía
peregrinan como ciegos;
75 el uno se lleva al otro,
llorando van y pidiendo.
Dos polos tiene la tierra,
universal movimiento;
la mejor vida, el favor;
80 la mejor sangre, el dinero.
Oigo tañer las campanas,
y no me espanto, aunque puedo,
que en lugar de tantas cruces
haya tantos hombres muertos.
85 Mirando estoy los sepulcros,
cuyos mármoles eternos
están diciendo sin lengua
que no lo fueron sus dueños.[11]
¡Oh! ¡Bien haya quien los hizo,
90 porque solamente en ellos

---

[9] **de medio arriba . . . romeros:** Contrasta la elegancia y boato de los ricos con la humildad de los pobres; los peregrinos iban descalzos o de sandalias.

[10] **Dijo . . . mandamiento:** "En el sudor de tu rostro comerás el pan hasta que vuelvas a la tierra; porque de ella fuiste tomado: pues polvo eres y al polvo serás tornado". *Génesis* 3, 19. "Y mandó Jehová Dios al hombre, diciendo: "De todo árbol del huerto comerás; mas del árbol de ciencia del bien y del mal no comerás de él; porque el día que de él comieres, morirás." *Génesis,* 3, 16, y 17.

[11] **sus dueños:** Las lápidas de los sepulcros dicen que los hombres no fueron eternos.

de los poderosos grandes
se vengaron los pequeños![12]
Fea pintan a la envidia;
yo confieso que la tengo[13]
95 de unos hombres que no saben
quién vive pared en medio.
Sin libros y sin papeles,
sin tratos, cuentas ni cuentos,
cuando quieren escribir
100 piden prestado el tintero.
Sin ser pobres ni ser ricos,
tienen chimenea y huerto;
no los despiertan cuidados,
ni pretensiones ni pleitos,
105 ni murmuraron del grande,
ni ofendieron al pequeño;
nunca, como yo, firmaron
parabién ni Pascuas dieron.[14]
Con esta envidia que digo
110 y lo que paso en silencio,
a mis soledades voy,
de mis soledades vengo.

Francisco de Quevedo (1580–1645)

Nació en Madrid. Vivió una vida agitada y plena que compartió entre la política y la diplomacia, de un lado, y la literatura, de otro. Ocupó con lealtad altos puestos cerca del duque de Osuna, virrey

---

[12] **se vengaron los pequeños:** los humildes ven que los poderosos son mortales y que con la muerte se les acaba el poderío.

[13] **que la tengo:** que tengo envidia. Envidia el poeta al hombre solitario e ignorante y contrapone a su vida sencilla la vida complicada e inquieta de la corte.

[14] **ni Pascuas dieron:** no dieron la enhorabuena a nadie ni felicitaron a nadie por Pascua, esto es, no eran esclavos de los convencionalismos sociales.

de Nápoles, y del rey Felipe IV, de quienes fue secretario. Se le concedió el hábito de Santiago. Padeció prisión durante cuatro años y, luego, el destierro. Por su acendrado amor por España y por la verdad, le dolía la decadencia política de su país y previó el destino de éste. Fue un hombre íntegro y patriota.

Fue escritor de vastísima erudición, traductor, ensayista, novelista y poeta; filósofo moral, censor severo de los desaciertos y vicios gubernamentales, humorista amargo a veces y festivo, otras.

D. Francisco de Quevedo tuvo en su vida múltiples preocupaciones de índole ética, metafísica y política que trasladó a su extensa obra en prosa y en verso. Las mismas inquietudes en una y otro, pero quizás más diversas modalidades en el verso: angustiado o estoico en sus poemas religiosos y morales; apasionado en sus sonetos amorosos; amargo en su crítica; lírico delicado en graciosas letrillas; humorístico y festivo en los romances o jácaras; censor severo de la situación española.

Las poesías de Quevedo fueron leídas manuscritas mientras vivió; se publicaron en 1648, tres años después de su muerte, y no en vida porque tal vez el autor mismo las consideraba como pasatiempo y desahogo, posponiéndolas así a su obra en prosa: a sus obras ascéticas, políticas, o filosóficas, a la novela *El buscón* y a *Los sueños*. Hoy está más próximo a nosotros el Quevedo poeta, por su modernidad de motivos y por su expresividad poética, sea el tono lírico o satírico.

Su fecundidad es asombrosa. Si se sumerge en profundidades ideológicas y religiosas, también sabe ver el mundo en torno, las realidades más bajas y los aspectos más grotescos, para ennoblecerlos o para hacerlos objeto de burla. En este procedimiento desrealizador, el resultado es belleza o caricatura. Se ha dicho que Quevedo es poeta de extremos; se han comentado su polifacetismo, su oscuridad y la complejidad intelectual de su poesía. Todo se ajusta a la verdad pero, pese a todo ello, será siempre Quevedo, de los tres excelsos poetas del siglo XVII, el que nos haga vibrar con más insistencia la fibra humana. Lope de Vega el tierno y Góngora el luminoso tienen otros méritos. La angustia, la inquietud por la vida y la muerte y por el tiempo, y la fugacidad de lo terrestre, motivos eternos de la poesía universal, son constantes en Quevedo. El otro cariz; la picardía, la jovialidad, lo gracioso.

Su léxico es variado y exuberante, como corresponde a un poeta sumamente culto y sumamente popular y apicarado. Crea voces y vocablos compuestos y juega con superlativos de nombres, lo que da donaire a la lengua, e inventa metáforas de singular originalidad.

Con igual destreza maneja el endecasílabo que el octosílabo. Este lo emplea, sobre todo, en romances, jácaras, letrillas; aquél, en la silva y el soneto preferentemente. Es un extraordinario sonetista, apretado, conciso, emocionado. No se olvidarán versos como "llévate allá la voz con que te llamo", "polvo serán, mas polvo enamorado", "de la prisión iré al sepulcro amando/ y siempre en el sepulcro estaré ardiendo". ¿Quién puede decir que le falta emoción?

Los mismos temas —amorosos, religiosos, metafísicos, burlescos, satíricos— y los mismos tonos que se hallan en sus sonetos y en otras composiciones de tipo italiano, como la silva, se repiten en los romances. Presentes también, aunque quizás en menor número, son la paradoja, la hipérbole y la antítesis, características del conceptismo, cuyo mayor representante en la poesía fue Quevedo.

Hemos seleccionado tres romances de distintos temas y estilo: "Hero y Leandro", "Advierte al Tiempo de mayores hazañas, en que podrá ejercitar sus fuerzas" y "Jácara de la venta".

HERO Y LEANDRO[1]

Esforzose pobre luz[2]
a contrahacer el Norte,
a ser piloto el deseo,
a ser farol una torre.
5 Atreviose a ser aurora
una boca a media noche,

---

[1] En Abidos, antiguo pueblo de Frigia (Asia Menor), en la orilla asiática del Helesponto (hoy estrecho de los Dardanelos) vivía Leandro. En la orilla opuesta, en Sestos, vivía su amada Hero, sacerdotisa de la diosa Afrodita. Los amantes se veían secretamente. Todas las noches cruzaba Leandro el estrecho a nado, guiado por una antorcha que ponía Hero en una torre. Una noche de tempestad se apagó la antorcha y Leandro, sin guía, murió ahogado. Cuando a la mañana siguiente apareció el cadáver de Leandro en la orilla del mar, Hero se arrojó de la torre. Sobre esta leyenda parece haberse escrito un poema helenístico, hoy perdido, que a su vez inspiró el poema *Historia de Hero y Leandro* de Museo, poeta griego muerto hacia 580. Aunque durante la Edad Media se olvidó a Museo no se olvidó la historia de los desgraciados amantes porque se leía a Ovidio; *Las heroidas* contienen la epístola 17, de Leandro a Hero, y la 18, la respuesta de ésta. Mas cuando fue muy conocido el poema de Museo fue a fines del siglo XV, al publicarlo Manucio (Aldus Manutius).

En Museo, el primer autor griego impreso en Alcalá, se inspiró Juan Boscán (m.1542) para escribir su *Leandro,* con el cual se inician los poemas mitológicos en español.

La historia de los infortunados amadores fue motivo frecuente en la poesía europea. En España se escribieron muchos poemas sobre el tema, entre ellos un soneto de Garcilaso. Góngora escribió dos romances en los que se burla de los amantes. El primero (1589) comienza "Arrojose el mancebito/ al charco de los atunes" y, al final casi, pone en labios de Hero estos cuatro versos: "El amor, como dos huevos,/ quebrantó nuestras saludes;/ él fue pasado por agua,/ yo estrellada, mi fin tuve." El segundo (1610) empieza: "Aunque entiendo poco griego,/ en mis gregüescos he hallado/ ciertos versos de Museo"; —de este romance es continuación el que escribió en 1589. Quevedo tiene también esta actitud iconoclasta ante estos amantes en un romancillo hexasílabo, "Hero y Leandro en paños menores". Sería prolijo citar los numerosos poemas sobre Hero y Leandro en España y en el resto de Europa; baste nombrar uno escrito por Christopher Marlowe (1598) y una balada de Schiller.

En el canto II de *Don Juan* dice Byron de su héroe: "A better swimmer you could scarce see ever,/ He could, perhaps have pass'd the Hellespont,/ As once (a feat on which ourselves we prided)/ Leander, Mr. Ekenhead, and I did." (Estrofa CV) Lord Byron atravesó el Helesponto entre Abidos y Sestos en mayo de 1810.

[2] **Esforzose pobre luz:** La luz de la torre trató de imitar la estrella polar que guía a los navegantes; de igual modo, el deseo trató de ser piloto y la torre, farol, etc.

a ser bajel[3] un amante
y dos ojos a ser soles.
Embarcó todas sus llamas
10 el amor en este joven,
y caravana de fuego
navegó reinos salobres.
Nuevo prodigio del mar
le admiraron los tritones;
15 con centellas, y no escamas,
el agua le desconoce.[4]
Ya el mar le encubre enojado,
ya piadoso le socorre;
cuna de Venus le mece,[5]
20 reino sin piedad le esconde.
Pretensión de mariposa[6]
le descaminan los dioses;
intentos de salamandra
permiten que se malogren.
25 Si llora, crece su muerte,
que aun no le dejan que llore;
si ella suspira, le aumenta
vientos que le descomponen.
Armó el estrecho de Abydo;
30 juntaron vientos feroces
contra una vida sin alma
un ejército de montes.[7]
¡Indigna hazaña del golfo,
siendo amenaza del orbe,

---

[3] **bajel** (*lit.*): buque.

[4] **el agua le desconoce:** porque lleva centellas de amor.

[5] **cuna . . . mece:** Este verso se relaciona con el anterior; el mar le trata piadosamente y lo mece como si estuviera en la cuna de Venus (esta diosa nació de la espuma del mar); el siguiente se relaciona con "Ya el mar le encubre enojado", repitiendo el concepto: le esconde como un reino despiadado.

[6] **pretensión de mariposa:** los dioses le desorientan en su deseo de ser mariposa (atraído por la luz) y hacen que fracasen sus intentos de ser salamandra, que, de acuerdo con la leyenda, no se quema en el fuego. La *salamandra* es espíritu del fuego.

[7] **Armó . . . montes:** Alguna edición dice *amó*; la de Blecua, *armó*; suponemos que quiere decir que el estrecho se *apercibió* para la guerra, para la lucha; juntan los vientos grandes olas, ejércitos de montes de agua, contra Leandro, "sin alma" porque está sin Hero.

35 juntarse con un cuidado
para contrastar un hombre![8]
Entre la luz y la muerte
la vista dudosa pone;[9]
grandes volcanes suspira
40 y mucho piélago sorbe.
Pasó el mar en un gemido
aquel espíritu noble;
ofensa le hizo Neptuno.[10]
estrella le hizo Jove.
45 De los bramidos del Ponto,[11]
Hero formaba razones,
descifrando de la orilla
la confusión en sus voces.
Murió sin saber su muerte,[12]
50 y expiraron tan conformes,
que el verle muerto añadió
la ceremonia del golpe.
De piedad murió la luz,
Leandro murió de amores,
55 Hero murió de Leandro,
y Amor de invidia muriose.

Advierte al Tiempo de mayores hazañas, en que podrá ejercitar sus fuerzas

Tiempo, que todo lo mudas:
tú, que con las horas breves

---

[8] **para... hombre:** para hacer frente a un hombre.

[9] **pone:** El sujeto de *pone* es Leandro que suspira y traga agua. Nótense las hipérboles: grandes volcanes y mucho piélago.

[10] **Neptuno:** El dios del mar, le maltrató pero en cambio Jove (Júpiter) le convierte en estrella de la Vía Láctea.

[11] **Ponto:** Además de antiguo país de Asia Menor, en el Mar Negro, era también un dios marino; Hero, al oir cómo brama el dios marino, entiende lo que está pasando.

[12] **su muerte:** Antes de saber la muerte de Leandro, murió Hero de angustia. Al verle muerto, se añade el acto exterior, la ceremonia del golpe que sintió ella en el corazón.

lo que nos diste nos quitas,
lo que llevaste nos vuelves;
5 tú, que con los mismos pasos
que cielos y estrellas mueves,
en la casa de la Vida
pisas umbral de la Muerte;
tú, que de vengar agravios
10 te precias como valiente,
pues castigas hermosuras
por satisfacer desdenes;
tú, lastimoso alquimista,
pues del ébano que tuerces,
15 haciendo plata las hebras,
a sus dueños empobreces;
tú, que con pies desiguales[1]
pisas del mundo las leyes,
cuya sed bebe los ríos,
20 y su arena no los siente;
tú, que de monarcas grandes
llevas en los pies las frentes;
tú, que das muerte y das vida
a la Vida y a la Muerte:[2]
25 si quieres que yo idolatre
en tu guadaña[3] insolente,
en tus dolorosas canas,
en tus alas y en tu sierpe;[4]

---

1 **desiguales**: En esta parte del apóstrofe al Tiempo el poeta quiere decir: Tú, con pies injustos, quebrantas las leyes del mundo, de ese mundo que tiene sed tan desmedida que se bebe los ríos (tanta ambición que todo lo acapara, todo se lo apropia con voracidad) y sin embargo la arena no se da cuenta de ello por la rapidez con que lo hace (esto es, los hombres no nos enteramos apenas).

2 **Muerte**: Hasta aquí enumera Quevedo los grandes poderes destructores del Tiempo. El resto del romance, salvo los doce versos de enlace, lo dedica a las "mayores hazañas" que podría hacer el Tiempo si quiere que se le considere omnipotente, hasta los versos que principian "y no estar pintando flores" en los que alude a las "niñerías" en que se entretiene el Tiempo.

3 **guadaña**: instrumento para segar las plantas de cereales, etc. A la muerte se la representa con una guadaña.

4 **sierpe**: En la mitología clásica los griegos personificaban al Tiempo en el dios Cronos y los romanos en Saturno. Se le representa como un anciano, a veces con alas, y con uno o más de los siguientes atributos: una guadaña, una clepsidra (reloj de agua) o con un reloj de arena, un dragón, una serpiente que se muerde la cola, el Zodíaco.

si quieres que te conozcan,
30 si gustas que te confiesen
con devoción temerosa
por tirano omnipotente,
da fin a mis desventuras,[5]
pues a presumir se atreven
35 que a tus días y a tus años
pueden ser inobedientes.
Serán ceniza en tus manos,
cuando en ellas los aprietes,
los montes,[6] y la soberbia
40 que los corona las sienes.
¿Y será bien que un cuidado,[7]
tan porfiado cuan fuerte,
se ría de tus hazañas
y vitorioso se quede?
45 ¿Por qué dos ojos avaros[8]
de la riqueza que pierden
han de tener a los míos
sin que el sueño los encuentre?
¿Y por qué mi libertad
50 aprisonada ha de verse,
donde el ladrón es la cárcel[9]
y su juez el delincuente?
Enmendar la obstinación[10]

---

[5] **desventuras:** Mis dolores son tales que se atreven a presumir que pueden exceder a tus días y tus años, esto es, que pueden ser infinitas.

[6] **montes:** Los montes (los poderosos) y la soberbia que les corona las sienes serán ceniza en tus manos.

[7] **cuidado:** ¿Estará bien que mi preocupación, mi amor, tan obstinado como fuerte, tan grande, se burle de ti, Tiempo, de lo que haces y te venza (pues es más poderoso que tú)?

[8] **ojos avaros:** Los hermosos ojos (de la mujer que amo) son avaros de su hermosura (de su *riqueza*) porque no quieren mirarme y esto me desvela. Quevedo prodiga el adjetivo *avaro* refiriéndose a la belleza de la amada, sobre todo a la de sus ojos.

[9] **cárcel:** La cárcel de amor en que se halla; ella es el ladrón que le ha robado la libertad; el poeta es el juez del ladrón y es a la vez el delincuente porque cometió el delito de amar (a la que está juzgando).

[10] **obstinación:** Otra de las grandes hazañas del tiempo sería corregir o ablandar la obstinación de un alma sin clemencia como lo es la de la amada. Aquí comienza el poeta a enumerar las hazañas morales a que se debería dedicar el Tiempo.

de un espíritu inclemente;
55 entretener los incendios[11]
de un corazón que arde siempre;
descansar unos deseos[12]
que viven eternamente,
hechos martirio de l'alma,
60 donde están porque los tiene;
reprehender a la memoria,[13]
que con los pasados bienes,
como traidora a mi gusto,
a espaldas vueltas me hiere;
65 castigar mi entendimiento,[14]
que en discursos diferentes,
siendo su patria mi alma,
la quiere abrasar aleve,
éstas sí que eran hazañas
70 debidas a tus laureles,
y no estar pintando flores[15]
y madurando las mieses.
Poca herida es deshojar
los árboles por noviembre,
75 pues con desprecio los vientos
llevarse los troncos suelen.
Descuídate de las rosas[16]
que en su parto se envejecen;
y la fuerza de tus horas
80 en obra mayor se muestre.

---

11 **entretener los incendios:** mantener el amor ardiente.

12 **descansar unos deseos:** dar alivio a unos deseos del alma que se han convertido en martirios, en sufrimientos.

13 **memoria:** reprender, castigar a la memoria que me hiere a traición pues me está haciendo recordar la dicha pasada.

14 **castigar mi entendimiento:** aleccionar a mi entendimiento, traidor porque quiere abrasar o consumir a mi alma que es su patria, esto es, que es donde el entendimiento ha nacido.

15 **flores:** Después de enumerar las que serían hazañas "dignas" del Tiempo pasa el poeta a comentar las "niñerías" en que se entretiene éste y nos da una rápida pintura del otoño. Al Tiempo se le simboliza también con el cambio de estaciones y el transcurrir de los meses del año.

16 **rosas:** La fugacidad de la rosa es uno de los temas predilectos de la poesía barroca.

Tiempo venerable y cano,
pues tu edad no lo consiente,
déjate de niñerías
y a grandes hechos atiende.

JÁCARA[1] DE LA VENTA

Ya se salen de Alcalá
los tres de la vida airada:[2]
el uno es Antón de Utrilla,
el otro Ribas se llama,
5 el otro Martín Muñoz,
sombrerero[3] de la fama.
Camino van de Madrid,
adonde la Corte estaba;
llevan bravos ferreruelos;[4]
10 por toquillas[5] llevan bandas,
unas con cairel[6] de oro
y otras con cairel de plata.
Y en la venta de Viveros
se encontraron con tres damas,[7]
15 adonde, por alegrarse,
esto de la venta cantan:
¡Urruá, urruá, que en la venta está!
¡Urruá, urruá, que en la venta está!
—¿Dónde va tanto rigor,
20 valentía amontonada?
—Negras, vamos a Madrid,
a negocios de venganza.

---

1 **Jácara:** canción de pícaros.
2 **de la vida airada:** vida viciosa y desordenada.
3 **sombrerero:** el que hace o vende sombreros.
4 **ferreruelos:** suntuosas capas cortas.
5 **toquillas:** adornos que se ponían alrededor de la copa del sombrero.
6 **cairel:** adorno de pasamanería a modo de fleco.
7 **damas:** irónico, claro, porque se trata de mujeres de la vida airada y no de señoras.

Allí hablara Marianilla
como mujer de importancia:
25 —No vayas allá, mi vida;
no vayas allá, mi alma:
que en la Corte los valientes
reparan con las espaldas
el rigor de los jüeces[8]
30 que están en aquella sala.
Y ese bravo de Portillo
con velleguines[9] de guarda,
si allá vas te ha de prender:
más vale salto de mata.[10]
35 —¡Vive Dios, que tengo de ir,
y dalles más cuchilladas[11]
a los criados y a él
que tienen coleto y calzas.
¡Ay, Antón, que no te vayas,
40 *porque me llevas la vida y el alma!*[12]
—No se ha de alabar Portillo
de que le huyo la cara,
que en la suya pondré yo
la bula de mi cruzada;[13]
45 que si tengo muchas deudas
de partidas asentadas,
la menor será de todas
hacelle dos mil tajadas.[14]

---

8 **valientes . . . jüeces:** la defensa que oponen los valientes contra la severidad de los jueces es sus espaldas; la diéresis sobre la *u* de jüeces añade una tercera sílaba a esta palabra, sílaba necesaria para que el verso tenga 8 sílabas.

9 **velleguines:** criados de la justicia.

10 **más vale . . . mata:** mejor es huir, por temor al castigo.

11 **cuchilladas:** juego de palabras con las dos acepciones de cuchillada: golpe que se da con cuchillo, espada, etc., y abertura que se hace en los vestidos para que por ella se vea otra tela de distinto color. El *coleto* (vestidura de piel que cubría el cuerpo hasta la cintura) y las calzas (vestidura que cubría los muslos) tenían cuchilladas.

12 **¡Ay . . . alma!:** Aquí cambia el estribillo y va dirigido a Antón de Utrilla. Notemos que este verso no es octosílabo.

13 **bula de cruzada:** indulgencias que concedían los Papas a los que iban a la guerra contra los infieles o contribuían con limosnas a los gastos de las cruzadas. Aquí juega el poeta con esta acepción y la cruz que piensa hacerle en la cara a Portillo.

14 **hacelle . . . tajadas:** Como ya tiene muchos crímenes, el menor será hacer pedazos a Portillo. Nótese la hipérbole. *Hacelle* y *buscalla* (cuatro versos más abajo) por hacerle

Al salir de la taberna,
50 después de veinte coladas,[15]
toparé con la justicia,
que es honra mía buscalla;
porque después de las copas
andan muy bien las espadas,
55 que con agua fría pendencia
será pendencia de ranas;
y en todas mis pesadumbres
puntas y reveses[16] andan,
que en mi vida tiré tajo[17]
60 porque no supiese a agua.
¡Qué será ver los corchetes[18]
entre broqueles[19] y mallas,[20]
unos de resurrección
y otros sobre las espadas!
65 Madrid es madre de todos;
embajadores no faltan,
donde de día estaremos,
que de noche todos campan.[21]
Mi amor te da la obediencia,[22]
70 mas concédeme que vaya
a asegurar tu temor
y a tomar por ti venganza.
Para la segunda parte,
lo que con Portillo pasa,

---

y buscarla. Recuérdese que era corriente la asimilación de la *r* a la *l* en los clásicos españoles.

15 **coladas:** copas.

16 **reveses:** golpes que se dan con la espada de izquierda a derecha; infortunios. Otro juego de palabras.

17 **tajo:** golpe que se da con la espada de derecha a izquierda. Alusión al río Tajo, por lo tanto al agua.

18 **corchetes:** antiguamente, los ministros de justicia encargados de prender a los delincuentes.

19 **broqueles:** escudos.

20 **mallas:** arma defensiva del cuerpo hecha de cuero y de anillos de metal.

21 **campan:** quiere decir: de día estaremos con los que nos protegen; de noche todos se van al campo, se esconden.

22 **obediencia:** Estos cuatro versos recuerdan parecida situación en el romance de Góngora ("Servía en Orán al rey"): Concédeme, dueño mío,/ licencia para que salga/ al rebato, en vuestro nombre,/ y en vuestro nombre combata.

75 convido a vuesas mercedes,
y eso de la venta vaya:
¡Urruá, urruá, que en la venta está!
¡Urruá, urruá, que en la venta está!

Sor Juana Inés de la Cruz (1648–1695)

El nombre de esta bella y sabia monja mejicana era Juana de Asbaje y Ramírez. Si en el convento de las jerónimas, en el que entró a los diecisiete años, halló el "sosegado silencio" que buscaba para estudiar, no por ello se apartó de la vida social virreinal ni cortó las relaciones con intelectuales que tan necesarias eran a su espíritu y a su inteligencia, sedientos ambos de sabiduría. Fue lectora de enorme voracidad y le interesaban la historia, la filosofía y la astronomía, entre otras materias. Escribió versos, teatro y prosa. Murió cuidando de las monjas de su convento de San Jerónimo, víctimas de la peste, enfermedad que al fin contrajo.

La obra poética de Sor Juana es relativamente reducida si se suprimen los muchos versos de ocasión que escribió: v.g. alabanzas de la virreina o de la sabiduría de algunos sacerdotes o con motivo del cumpleaños del virrey o de los reyes Felipe IV y Carlos II, etc. Este grupo de poesías conservan hoy sólo interés histórico.

El tema esencial es el amor: el divino, con sendos romances a Cristo Sacramentado, a la Encarnación, a San Pedro, etc., o en graciosos villancicos religiosos; y el humano, más variado e interesante, al que van enlazados los celos, el despecho, el desengaño, el aborrecimiento y el dolor de ausencia. Añádanse al amoroso el tema de la fugacidad de la rosa y de la juventud, retratos de mujeres célebres como Porcia y Lucrecia, censuras a los hombres que acusan en las mujeres los defectos de que son ellos responsables, y descripciones de su retrato físico y de sus inclinaciones intelectuales en las que se burla de la "hidropesía de mucha ciencia".

En los versos amorosos —a Fabio o a Celio o a Silvio— se sitúa la poetisa en los diferentes estados por los que pasa una mujer enamorada, aunque en alguna ocasión toma la perspectiva del hombre que odia, ama y cela. Se ha conjeturado que estando en la corte, de camarera de la marquesa de Mancera, la virreina, inspiró y sintió la pasión amorosa y que, decepcionada, entró en el claustro.

Si en los sonetos su estilo es a veces complicado con abundancia de antítesis y símiles, y a menudo barroco, es, en cambio, en las redondillas, décimas y romances, generalmente sencillo y a veces rayano con la prosa. Algunas veces hace alarde de ingenio como en el romance decasílabo en el que describe a la condesa de Paredes, en el cual cada verso empieza con un esdrújulo. Los romances, que según don Tomás Navarro "representan más de un tercio de las poesías líricas de la autora, ocupan también lugar principal en sus comedias y en sus composiciones de asunto religioso". Las pocas excelentes poesías que escribió esta monja intelectual y ávida de saber la colocan a la cabeza, cronológicamente, de esa cadena excepcional de poetisas hispanoamericanas tan originales, tan sensitivas y apasionadas. Hemos optado por un romance, un poco largo y reiterativo, de tema amoroso y lengua fácil, en el que Sor Juana pinta una acendrada pasión de tal modo que parece cosa vivida.

ROMANCE QUE EN SENTIDOS AFECTOS PRODUCE AL DOLOR DE UNA AUSENCIA

Ya que para despedirme,
dulce, idolatrado dueño,
ni me da licencia el llanto,
ni me da lugar el tiempo,
5 háblente los tristes rasgos
entre lastimeros ecos
de mi triste pluma, nunca
con más justa causa, negros.[1]

[1] **háblente ... negros:** "que los tristes rasgos negros, nunca con más justa causa, de mi triste pluma te hablen entre lastimeros ecos" sería el orden natural. El separar

Y aun ésta te hablará torpe
10 con las lágrimas que vierto;
porque va borrando el agua
lo que va dictando el fuego.[2]
Hablar me impiden mis ojos
y es que se anticipan ellos,
15 viendo lo que he de decirte,
a decírtelo primero.
Oye la elocuente muda[3]
que hay en mi dolor, sirviendo
los suspiros de palabras;
20 las lágrimas, de conceptos.
Mira la fiera borrasca
que pasa en el mar del pecho
donde zozobran, turbados,
mis confusos pensamientos.
25 Mira cómo ya el vigor
me sirve de afán grosero,
que se avergüenza la vida
de durarme tanto tiempo.
Mira la muerte que, esquiva,
30 huye porque la deseo
que aun la muerte, si es buscada,
se quiere subir de precio.
Mira cómo el cuerpo amante,
rendido a tanto tormento,
35 siendo en lo demás cadáver
sólo en el sentir es cuerpo.
Mira cómo el alma misma
aún teme, en tu ser exento,
que quiera el dolor violar
40 la inmunidad de lo eterno.
En lágrimas y suspiros
alma y corazón a un tiempo;

---

un adjetivo del nombre al que modifica, intercalando frases, era característico del gongorismo.

2 **va borrando . . . fuego:** las lágrimas borran lo que dicta la pasión.

3 **elocuente muda:** Los conceptistas eran muy aficionados a los contrastes, como se ve aquí y en otros versos de la poesía.

aquél se convierte en agua
y ésta se resuelve en viento.
45 Ya no me sirve la vida,
esta vida que poseo,
sino de condición sola
necesaria al sentimiento.
Mas ¿por qué gasto razones
50 en contar mi pena, y dejo
de decir lo que es preciso
por decir lo que estás viendo?
En fin, te vas. ¡Ay de mí!,
dudosamente lo pienso:
55 pues si es verdad, no estoy viva,
y si viva, no lo creo.
¿Posible es que ha de haber día
tan infausto, tan funesto,
en que sin ver yo las tuyas
60 esparza sus luces Febo?[4]
¿Posible es que ha de llegar
el rigor a tan severo
que no ha de darle tu vista
a mis pesares aliento?
65 ¿Que no he de ver tu semblante?
¿Que no he de escuchar tus ecos?
¿Que no he de gozar tus brazos
ni me ha de animar tu aliento?
¡Ay mi bien! ¡Ay prenda mía!
70 ¡Dulce fin de mis deseos!
¿Por qué me llevas el alma
dejándome el sentimiento?
Mira que es contradicción
que no cabe en un sujeto:
75 tanta muerte en una vida,
tanto dolor en un muerto.
Mas, ya es preciso (¡Ay triste!)
en mi infelice suceso

---

[4] **en que sin ver . . . Febo:** en que sin ver yo tus ojos (tus luces) esparza sus luces el sol. *Febo* es *Apolo,* dios de la luz.

ni vivir con la esperanza
80 ni morir con el tormento,
dame algún consuelo tú
en el dolor que padezco,
y quien en el suyo muere
viva siquiera en tu pecho.
85 No te olvides que te adoro
y sírvate de recuerdo
las finezas que me debes,
si no las prendas que tengo.
Acuérdate que mi amor
90 haciendo gala del riesgo
sólo por atropellarlo
se alegraba de tenerlo.
Y si mi amor no es bastante,
el tuyo mismo te acuerdo;
95 que no es poco empeño haber
empezado ya en empeño.
Acuérdate, señor mío,
de tus nobles juramentos
y lo que juró tu boca
100 no lo desmientan tus hechos.
Y perdona, si en temer
mi agravio, mi bien, te ofendo;
que no es dolor el dolor
que se contiene en lo atento.
105 Y adiós, que con el ahogo
que me embarga los alientos,
ni lo que te escribo leo.

EL ROMANCE EN EL TEATRO

Lope de Vega

Se publicó esta tragicomedia *Peribáñez* en 1614; se conjetura que la fecha de composición fue 1604. Como en otras ocasiones, se inspiró Lope de Vega en un romance del cual conserva cuatro versos: "Más quiero yo a Peribáñez/ con su capa la pardilla/ que al Comendador de Ocaña/ con la suya guarnecida". El tema de la obra —el castigo que da un villano digno al señor que le ofende en su honra— es uno de los temas favoritos de Lope; en *Fuente Ovejuna* hizo protagonista no a un hombre sino a todo un pueblo que se levanta contra la tiranía de un comendador. Mas en *Peribáñez,* don Fadrique el Comendador —personaje creado por el dramaturgo— no es un tirano sino un joven impulsivo y locamente enamorado, el cual no se da cuenta de que un villano puede ser noble por su conducta y tener su honra en alta estima; cuando ese villano le mata, reconoce el Comendador sus faltas y perdona. Lope ha dotado a unos rústicos —Peribáñez y Casilda, su mujer— de grandes prendas morales. Tanto es así que al final de la tragicomedia el rey don Enrique el Doliente (m. 1406), asombrado de que "¡Un labrador tan humilde/ estime tanto su fama!", no sólo no le castiga por haber matado a su ofensor sino que le quiere "por capitán de la gente/ misma que sacó de Ocaña", aldea toledana que pertenecía a la Orden de Santiago, de la cual era Comendador don Fadrique.

PERIBÁÑEZ

(*A la ventana con un rebozo, Casilda*[1])

CASILDA: ¿Es hora de madrugar,
amigos?
COMENDADOR: Señora mía,
ya se va acercando el día,
5 y es tiempo de ir a segar.[2]
Demás, que saliendo vos,
sale el sol, y es tarde ya.
Lástima a todos nos da
de veros sola, por Dios.
10 No os quiere bien vuestro esposo,
pues a Toledo se fue,
y os deja una noche. A fe
que si fuera tan dichoso
el Comendador de Ocaña
15 (que sé yo que os quiere bien,
aunque le mostráis desdén
y sois con él tan extraña),
que no os dejara, aunque el Rey
por sus cartas le llamara;
20 que dejar sola esa cara
nunca fue de amantes ley.
CASILDA: Labrador de lejas tierras,
que has venido a nuesa villa,

---

[1] **Casilda:** La situación es la siguiente: el Comendador de Ocaña, enamorado locamente de Casilda, labradora casada con Pedro Peribáñez, aprovecha la ida de éste a Toledo para entrar en la casa. Sale defraudado porque Casilda se ha encerrado en su aposento. Aún no se ha ido cuando se asoma Casilda a la ventana a llamar a los segadores que duermen en el portal donde se encuentra el Comendador.

[2] **Es hora . . . segar:** Los versos hasta aquí dichos son una redondilla, como lo será el resto del parlamento del Comendador. El romance comienza con el parlamento de Casilda.

convidado del agosto,[3]
25 ¿quién te dio tanta malicia?
Ponte tu tosca antipara,[4]
del hombro el gabán derriba,
la hoz menuda en el cuello,
los dediles en la cinta.
30 Madruga al salir del alba,
mira que te llama el día,
ata las manadas secas
sin maltratar las espigas.[5]
Cuando salgan las estrellas
35 a tu descanso camina,
y no te metas en cosas
de que algún mal se te siga.[6]
El Comendador de Ocaña
servirá dama de estima,
40 no con sayuelo de grana
ni con saya de palmilla.[7]
Copete[8] traerá rizado,
gorguera[9] de holanda fina,
no cofia de pinos tosca
45 y toca de argentería.[10]
En coche o silla de seda
los disantos[11] irá a misa;
no vendrá en carro de estacas
de los campos a las viñas.

---

3 **nuesa . . . agosto:** a nuestra villa para recoger la cosecha.

4 **antipara:** En este verso y los tres siguientes describe Casilda cómo iban los segadores al trabajo: con antipara (polaina que cubre la pierna y el pie por delante), los dediles (fundas para los dedos) colgados del cinturón, y la hoz (guadaña) en el cuello.

5 **espigas:** el conjunto de granos agrupados a lo largo de una varita; algunos cereales, como el trigo, crecen en espigas.

6 **algún . . . siga:** como realmente pasó, pues Peribáñez mata al Comendador al fin del drama. De aquí en adelante, valiéndose de contrastes, nos dirá Casilda primero, cómo vestían las damas y las labradoras y cómo viajaban; luego, la diferencia entre las diversiones de su marido y las del Comendador.

7 **grana; palmilla:** telas toscas.

8 **Copete:** pelo que se lleva levantado sobre la frente.

9 **gorguera:** adorno del cuello hecho de lienzo plegado.

10 **toca de argentería:** tela con lentejuelas con que se cubrían la cabeza las mujeres.

11 **disantos:** días santos, días de fiesta.

50 Dirale en cartas discretas
requiebros a maravilla,
no labradores desdenes,
envueltos en señorías.
Olerale a guantes de ámbar[12]
55 a perfumes y pastillas;
no a tomillo ni cantueso,
poleo y zarzas[13] floridas.
Y cuando el Comendador
me amase como a su vida
60 y se diesen virtud y honra
por amorosas mentiras,
más quiero yo a Peribáñez
con su capa la pardilla
que al Comendador de Ocaña
65 con la suya guarnecida.
Más precio verle venir
en su yegua la tordilla,
la barba llena de escarcha
y de nieve la camisa,
70 la ballesta[14] atravesada,
y del arzón de la silla
dos perdices o conejos,
y el podenco de traílla,[15]
que ver al Comendador
75 con gorra de seda rica,
y cubiertos de diamantes
los brahones[16] y capilla;[17]
que más devoción me causa
la cruz de piedra en la ermita

---

12 **ámbar:** los perfumes también eran distintos; para los señores, ámbar (con el que se perfumaban los guantes), y yerbas del campo para las campesinas.

13 **tomillo . . . zarzas:** plantas aromáticas.

14 **ballesta:** arma antigua para lanzar flechas. Peribáñez la traía atravesada en la silla, la caza colgada del arzón (parte delantera, o trasera, de la silla de montar) y el perro de caza atado con una cuerda.

15 **el . . . traílla:** llevaba atado con una cuerda al podenco, perro de caza, astuto y de gran vista, olfato y resistencia.

16 **brahones:** las roscas que adornan la manga.

17 **capilla:** jubón con mangas adornadas con brahones.

80 que la roja de Santiago[18]
en su bordada ropilla.
Vete, pues, el segador,
mala fuese la tu dicha;
que si Peribáñez viene,
85 no verás la luz del día.

COMENDADOR: Quedo, señora . . . . ¡Señora . . .!
Casilda, amores, Casilda,
yo soy el Comendador;
abridme, por vuestra vida.
90 Mirad que tengo que daros
dos sartas de perlas finas
y una cadena esmaltada
de más peso que la mía.

CASILDA: Segadores de mi casa,
95 no durmáis,[19] que con su risa
os está llamando el alba.
Ea, relinchos[20] y grita;
que al que a la tarde viniere
con más manadas cogidas,
100 le mando el sombrero grande
con que va Pedro a las viñas.

Guillén de Castro (1569–1631)

Dramaturgo valenciano que perteneció al ciclo de Lope de Vega, de quien fue discípulo y amigo. Se distinguió, sobre todo, en la comedia de carácter épico-histórico, como se ve en su obra más conocida, *Las mocedades del Cid,* y en la segunda, no tan famosa, *Las hazañas del Cid.* La primera se centra en la boda de éste con

---

[18] **la roja de Santiago:** cruz roja que llevaban al pecho los caballeros que pertenecían a la orden militar de Santiago.

[19] **no durmáis:** Casilda llama a los segadores que duermen en el portal no sólo porque llega la aurora sino porque quiere que se marche el comendador que se oculta entre ellos.

[20] **relinchos:** gritos de alegría.

Jimena, hija del conde Lozano al que mató Rodrigo para lavar la mancha en el honor que recibió su anciano padre al ser abofeteado por aquél. La segunda trata del cerco de Zamora —ciudad que heredó Urraca y sitió Sancho II su hermano— y de la Jura de Santa Gadea, en la que Alfonso VI tuvo que jurar que no tuvo parte en la muerte de Sancho. El papel que desempeña el Cid en esta comedia es de menor importancia que en *Las mocedades*. Ambas comedias se inspiraron en el Romancero y muchos romances sobre el Cid están en parte recogidos textualmente, en parte adaptados.

Logró Guillén llevar al teatro el mundo dramático de la época de Fernando I el Magno, primer rey de Castilla (siglo XI), con sus conflictos familiares, además de las luchas morales de los personajes y el concepto que el español tenía sobre el honor, el amor, la religión, el patriotismo y el sentimiento monárquico. Muchas de las costumbres medievales que recrean el ambiente de la época, así como las escenas accesorias de la familia real, fueron suprimidas por Corneille al escribir *Le Cid,* 1636, la primera gran tragedia del teatro francés.

Hemos seleccionado el monólogo de Urraca, a quien Guillén, como el Romancero, atribuye un callado amor por Rodrigo, y la escena final del segundo acto en la que Jimena se queja ante el rey de que no castiga al matador de su padre.

Las mocedades del Cid

(*Sale la infanta Doña Urraca, asomada a una ventana*)

URRACA: ¡Qué bien el campo y el monte
le parece a quien lo mira[1]

[1] Nótese en el monólogo de Urraca la descripción que hace la infanta del campo que contempla desde la ventana y el tema del *beatus ille*. En ocho versos del romance se apunta la preocupación que siente Urraca por la suerte de Rodrigo y se sugiere el amor que le profesa —"con cierta melancolía" porque Rodrigo ama a Jimena. En la parte final entera la infanta al auditorio de la llegada de la tropa de caballos y de la acción del capitán de los hidalgos. Es recurso dramático muy usado desde la antigüedad el que un personaje describa lo que no puede suceder en escena.

hurtando el gusto al cuidado,[2]
y dando el alma a la vista!
5 En los llanos y en las cumbres
¡qué a concierto se divisan
aquí los pimpollos[3] verdes,
y allí las pardas encinas!
Si acullá brama[4] el león,
10 aquí la mansa avecilla
parece que su braveza
con sus cantares mitiga.
Despeñándose el arroyo,
señala que como estiman
15 sus aguas la tierra blanda,
huyen de las peñas vivas.
Bien merecen estas cosas
tan bellas, y tan distintas,
que se imite a quien las goza,
20 y se alabe a quien las cría.
¡Bienaventurado aquel
que por sendas escondidas
en los campos se entretiene,
y en los montes se retira!
25 Con tan buen gusto la Reina
mi madre, no es maravilla
si en esta casa de campo
todos sus males alivia.
Salió de la corte huyendo
30 de entre la confusa grita,[5]
donde unos toman venganza
cuando otros piden justicia.
¿Qué se habrá hecho Rodrigo?
que con mi presta venida

---

2 **hurtando . . . cuidado:** liberando su placer de todo cuidado, de toda angustia o preocupación.

3 **pimpollos:** pinos nuevos; árboles nuevos.

4 **Si acullá brama:** Si por allá, lejos de bramidos; bramido es la voz del toro y del léon y otros animales salvajes. En la Edad Media era costumbre tener leones en los castillos; en las *Partidas* o leyes de Alfonso el Sabio se recomienda que se tenga cuidado con ellos para que no hagan daño.

5 **grita:** Alude a los sentimientos opuestos, en lucha, de los partidarios del conde Lozano y los de Diego Laínez, padre del Cid.

35 no he podido saber dél
si está en salvo, o si peligra.
No sé qué tengo, que el alma
con cierta melancolía
me desvela en su cuidado . . .
40 Mas ¡ay! estoy divertida:
una tropa de caballos
dan polvo al viento que imitan,
todos a punto de guerra . . .
¡Jesús, y qué hermosa vista!
45 Saber la ocasión deseo,
la curiosidad me incita . . .
(*Llamando*)—¡Ah, caballeros! ¡Ah, hidalgos!—
Ya se paran, y ya miran.
—¡Ah, Capitán, el que lleva
50 banda y plumas amarillas!—
Ya de los otros se aparta . . .
la lanza a un árbol arrima . . .
ya se apea del caballo,
ya de su lealtad confía,
55 ya el cimiento de esta torre,
que es todo de peña viva,
trepa con ligeros pies . . .
ya los miradores mira.
Aún no me ha visto. ¿Qué veo?
60 Ya le conozco. ¿Hay tal dicha?

(*Sale Jimena Gómez, enlutada, con cuatro escuderos, también enlutados, con sus lobas.*)[1]

ESCUDERO 1: Sentado está el Señor Rey
en su silla de respaldo.

[1] El romance en que se inspira esta escena fue cantado en presencia de Felipe II en El Escorial. Los ministros del rey vieron en el romance alusiones a sus propias actividades, y en cambio el rey creyó ver alusiones a su propia tardanza, la proverbial lentitud de Felipe II para los asuntos administrativos.

Lobas: capas negras.

JIMENA: Para arrojarme a sus pies
¿qué importa que esté sentado?
5 Si es Magno, si es justiciero,
premie al bueno y pene al malo;
que castigos y mercedes
hacen seguros vasallos.

DIEGO: Arrastrando luengos[2] lutos,
10 entraron de cuatro en cuatro
escuderos de Jimena,
hija del Conde Lozano.
Todos atentos la miran,
suspenso quedó Palacio,
15 y para decir sus quejas
se arrodilla en los estrados.[3]

JIMENA: Señor, hoy hace tres meses
que murió mi padre a manos
de un rapaz,[4] a quien las tuyas
20 para matador criaron.
Don Rodrigo de Vivar,
soberbio, orgulloso y bravo,
profanó tus leyes justas,
y tú le amparas ufano.
25 Son tus ojos sus espías,
tu retrete[5] su sagrado,
tu favor sus alas libres,
y su libertad mis daños.
Si de Dios los Reyes justos
30 la semejanza y el cargo
representan en la tierra
con los humildes humanos,
no debiera de ser Rey
bien temido, y bien amado,
35 quien desmaya la justicia
y esfuerza los desacatos.[6]

---

2 **luengos:** largos.
3 **estrados:** plataformas sobre las que se pone el trono real.
4 **rapaz:** muchacho de poca edad.
5 **retrete:** cuarto pequeño para retirarse.
6 **esfuerza los desacatos:** alienta faltas de respeto.

A tu justicia, Señor,
que es árbol de nuestro amparo,
no se arrimen malhechores,
40 indignos de ver sus ramos.
Mal lo miras, mal lo sientes,
y perdona si mal hablo;
que en boca de una mujer
tiene licencia un agravio.
45 ¿Qué dirá, qué dirá el mundo
de tu valor, gran Fernando,
si al ofendido castigas,
y si premias al culpado?
Rey, Rey justo, en tu presencia,
50 advierte bien cómo estamos:
él, ofensor; yo, ofendida,[7]
yo gimiendo y él triunfando;
él arrastrando banderas,
y yo lutos arrastrando;
55 él levantando trofeos,
y yo padeciendo agravios;
él soberbio, yo encogida,
yo agraviada y él honrado,
yo afligida, y él contento,
60 él riendo, y yo llorando.

RODRIGO: (*Aparte.*) ¡Sangre os dieran mis entrañas,
para llorar, ojos claros!—

JIMENA: (*Aparte.*) ¡Ay, Rodrigo! ¡Ay, honra! ¡Ay, ojos!
¿adónde os lleva el cuidado?—

REY: ¡No haya más, Jimena, baste!
Levantaos, no lloréis tanto,
que ablandarán vuestras quejas
entrañas de acero y mármol;
que podrá ser que algún día
70 troquéis en placer el llanto,
y si he guardado a Rodrigo,
quizá para vos le guardo,

---

7 **ofendida:** Nótese la serie de contraposiciones; los dos últimos versos de la escena son una antítesis muy corriente.

Pero por haceros gusto,
vuelva a salir desterrado,
75 y huyendo de mi rigor
ejercite el de sus brazos,
y no asista en la Ciudad
quien tan bien prueba en el campo.
Pero si me dais licencia,
80 Jimena, sin enojaros,
en premio destas victorias
ha de llevarse este abrazo. (*Abrázale.*)

RODRIGO: Honra, valor, fuerza y vida,
todo es tuyo, gran Fernando,
85 pues siempre de la cabeza
baja el vigor a la mano.
Y así, te ofrezco a los pies
esas banderas que arrastro,
esos moros que cautivo,
90 y esos haberes que gano.

REY: Dios te me guarde, el mio Cid.

RODRIGO: Beso tus heroicas manos,
(*Aparte.*)—y a Jimena dejo el alma.—

JIMENA: (*Aparte.*) ¡Que la opinión[8] pueda tanto
95 que persigo lo que adoro!—

URRACA: (*Aparte.*)—Tiernamente se han mirado;
no le ha cubierto hasta el alma
a Jimena el luto largo
¡ay, cielo!, pues no han salido
100 por sus ojos sus agravios.—

D. SANCHO: Vamos, Diego, con Rodrigo,
que yo quiero acompañarlo,
y verme entre sus trofeos.

DIEGO: Es honrarme, y es honrallo.
105 ¡Ay, hijo del alma mía!

JIMENA: (*Aparte.*)—¡Ay, enemigo adorado!—

RODRIGO: (*Aparte.*)—¡Oh, amor, en tu Sol me yelo!—[9]

URRACA: (*Aparte.*)—¡Oh, amor, en celos me abraso!—

---

[8] **opinión:** fama; voz pública; valer.

[9] **yelo:** hielo; quiere decir Rodrigo que su amor y su admiración son tan grandes que al estar ante Jimena no puede ni razonar ni hablar.

Tirso de Molina (1584?–1648)

Pseudónimo del fraile madrileño fray Gabriel de Téllez, monje de La Merced. En asuntos de su orden estuvo en Santo Domingo. Murió en Soria.

Fue prosista; autor del delicioso cuento, "Los tres maridos burlados", que se halla en *Los cigarrales de Toledo.*

Como dramaturgo pertenece al ciclo de Lope de Vaga, cuya técnica aceptó y puso en práctica. Hizo hincapié en el drama religioso, en la comedia amorosa de enredo, en la psicológica y en la histórica. Logra presentar a la mujer unas veces con gran dignidad y otras con gran travesura e hipocresía.

Pero su creación más perdurable y universal y la que ha dado origen a una descendencia cuantiosa e inagotable, tanto en España como en el extranjero, es *El burlador de Sevilla y convidado de piedra,* 1630, inspirada en uno de los muchos romances que en España tratan del mismo tema: el mozo irrespetuoso ante las cosas religiosas y burlador de mujeres. En los romances se hallan dos desenlaces: el perdón por el arrepentimiento que muestra el mozo (véase el romance "Pa misa diba un galán") o la condenación eterna. Este fin fue el que adoptó Tirso. En cambio Zorrilla, en el siglo XIX, prefirió salvar a su don Juan y para ello se valió del amor puro que sintió su protagonista por la cándida monja doña Inés y del sincero arrepentimiento del pecador. Este desenlace satisfizo a los románticos.

Como indica la primera parte del título del drama, se trata de un burlador: Don Juan, galán noble de familia, rico y frívolo, se dedica a hacer el amor a las mujeres que halla a su paso y a engañarlas, pues nunca cumple su palabra de matrimonio. Una de sus víctimas es Tisbea, la pescadora que se ufana de no haber sentido el amor, como se ve en el monólogo que incluimos en esta sección, y a quien don Juan enhechiza con sus encantos y burla sin compasión. La segunda parte del título —"convidado de piedra"— alude no al amor sino al tema religioso y se refiere al castigo que la estatua del Comendador de Calatrava inflige al que burló a su hija. La estatua acepta el convite de don Juan y luego lo invita a un festín en su sepultura. El mozo acude porque cumple la palabra que da a los hombres y porque es valiente. De la tumba lo lleva la estatua al infierno.

El problema de la salvación interesó a Tirso, como a otros dramaturgos del Siglo de Oro, y en *El condenado por desconfiado* nos presenta a un protagonista que viene a ser la antítesis de don Juan. Si éste, por ver lejana a la muerte —"tan largo me lo fiáis"— confía demasiado y se condena, en cambio Paulo se condena también por desconfiar de su salvación.

El burlador de Sevilla

(*Sale Tisbea, pescadora, con una caña de pescar en la mano*)[1]

Yo, de cuantas el mar,[2]
pies de jazmín y rosa,
en sus riberas besa
con fugitivas olas,
5 sola de amor exenta,
como en ventura sola,
tirana me reservo
de sus prisiones locas,
aquí donde el sol pisa
10 soñolientas las ondas,
alegrando zafiros
las que espantaba sombras.

---

[1] Este romance piscatorio lo dice la pescadora Tisbea poco antes de ver hundirse la barca en que llegan a la playa de Tarragona don Juan Tenorio y su criado Catalinón.

[2] **Yo, de cuantas el mar:** Yo soy la única libre de amor y feliz (entre todas las mujeres cuyos pies rosados —jazmín y rosa— besa el mar en sus orillas) aquí donde el sol, al salir, pisa las olas soñolientas y espanta las sombras de la noche, alegrando con sus reflejos azules las ondas del mar. Notemos cuántos paréntesis hay en este romancillo heptasílabo; el primero: "de cuantas . . . olas".

Por la menuda arena,
(unas veces aljófar
15 y átomos otras veces
del sol que así le dora),
oyendo de las aves[3]
las quejas amorosas,
y los combates dulces
20 del agua entre las rocas;
ya con la sutil caña
que al débil peso dobla
del necio pececillo
que el mar salado azota;
25 o ya con la atarraya[4]
(que en sus moradas hondas
prenden cuantos habitan
aposentos de conchas),
segura me entretengo,
30 que en libertad se goza
el alma que amor áspid
no le ofende ponzoña.[5]
En pequeñuelo esquife
y en compañía de otras
35 tal vez al mar[6] le peino
la cabeza espumosa;
y cuando más perdidas
querellas de amor forman,[7]
como de todos río,
40 envidia soy de todas.
¡Dichosa yo mil veces,
amor, pues me perdonas
si ya, por ser humilde,

---

[3] **oyendo . . . aves:** Doce versos más abajo hallamos el sujeto: (yo) me entretengo segura . . . oyendo, etc.

[4] **atarraya:** red.

[5] **se goza . . . ponzoña:** el amor (áspid, serpiente) con su ponzoña (veneno) no le hace daño al alma. Nótese que áspid está usado como adjetivo.

[6] **al mar:** Como a un anciano cano (cabeza espumosa) Tisbea le peina cuando va en su barca (esquife).

[7] **querellas . . . forman:** Las amigas de Tisbea dan desperanzadas quejas de amor, mientras la envidian porque no sufre de amores.

no desprecias mi choza,
45 obelisco de paja!
Mi edificio coronan
nidos, si no hay cigarras,
o tortolillas locas.
Mi honor conservo en pajas,
50 como fruta sabrosa,
vidrio guardado en ellas
para que no se rompa.[8]
De cuantos pescadores
con fuego Tarragona[9]
55 de piratas defiende
en la argentada costa
desprecio, soy encanto;
a sus suspiros, sorda;
a sus ruegos, terrible;
60 a sus promesas roca.
Anfriso, a quien el cielo
con mano poderosa,
prodigio en cuerpo y alma,
dotó de gracias todas,
65 medido en las palabras,
liberal en las obras,
sufrido en los desdenes,
modesto en las congojas,
mis pajizos umbrales,
70 que heladas noches ronda,
a pesar de los tiempos.
las mañanas remoza;
pues ya con ramos verdes
que de los olmos corta,
75 mis pajas amanecen
ceñidas de lisonjas.
Ya con vigüelas[10] dulces

---

[8] **rompa:** No le basta al poeta un símil para comparar el honor (con una fruta sabrosa) sino que añade una metáfora (vidrio).

[9] **Tarragona:** puerto de mar al nordeste de España, defiende a los pescadores de los piratas con fuegos que avisan la proximidad de éstos.

[10] **vigüelas:** vihuelas, guitarras.

y sutiles zampoñas[11]
músicas me consagra;
80 y todo no me importa,
porque en tirano imperio
vivo, de amor señora;
que hallo gusto en sus penas
y en sus infiernos, gloria.
85 Todas por él se mueren,
y yo, todas las horas
le mato con desdenes;
de amor condición propia,
querer donde aborrecen,
90 despreciar donde adoran;
que si le alegran muere,
y vive si le oprobian.
En tan alegres días
segura de lisonjas,
95 mis juveniles años
amor no los malogra;
que en edad tan florida,
amor, no es suerte poca
no ver entre estas redes
100 las tuyas amorosas.
Pero, necio discurso
que mi ejercicio estorbas,
en él no me diviertas[12]
en cosa que no importa.
105 Quiero entregar la caña
al viento y a la boca
del pececillo el cebo.
Pero al agua se arrojan[13]
dos hombres de una nave,
110 antes que el mar la absorba,
que sobre el agua viene

---

[11] **zampoñas:** flautas rústicas.

[12] **no me diviertas:** no me desvíes (de la pesca).

[13] **se arrojan:** cuando Tisbea se dispone a pescar presencia un naufragio, el que pasa a describir.

y en un escollo aborda.[14]
Como hermoso pavón,
hacen las velas cola,
115 adonde los pilotos
todos los ojos pongan.
Las olas va escarbando;
y ya su orgullo y pompa
casi la desvanece . . .
120 agua un costado toma.
Hundiose y dejó al viento
la gavia,[15] que la escoja
para morada suya;
que un loco en gavias mora.
125 (*dentro*: ¡Que me ahogo!)
Un hombre al otro aguarda
que dice que se ahoga.
¡Gallarda cortesía!
En los hombres le toma.
130 Anquises se hace Eneas[16]
si el mar está hecho Troya.
Ya, nadando las aguas
con valentía corta,
y en la playa no veo
135 quien le ampare y socorra.
Daré voces: ¡Tirseo,
Anfriso, Alfredo, hola!
Pescadores me miran.
¡Plega a Dios que me oigan!
140 Mas milagrosamente
ya tierra los dos toman;
sin aliento el que nada,[17]
con vida el que le estorba.

---

14 **en un escollo aborda:** con un peñasco choca.

15 **gavia:** vela de la embarcación; jaula de palo para los locos. El juego de palabras es corriente en el barroco.

16 **Eneas:** hijo de Anquises y Afrodita, guerrero troyano que sacó a su padre en hombros de la ciudad de Troya.

17 **sin aliento el que nada:** o sea don Juan, que es el que carga a Catalinón (como hizo Eneas con su padre). Catalinón es el que le estorba, el que le dificulta que nade.

Pedro Calderón de la Barca (1600–1681)

Si Lope de Vega fue el creador del teatro nacional, Calderón fue, en cambio, el perfeccionador, el estilizador de motivos y formas y uno de los representantes máximos del barroco en España. Múltiples son sus asuntos, como lo fueron en Lope y su ciclo. El amor recorre una variada gama, desde el más ligero —en las comedias de capa y espada, en las de enredo, en las mitológicas, y en las zarzuelas— hasta el más trágico, en los dramas del honor. Pero los temas esenciales de su obra son, primero, la religión, y luego la honra y la dignidad humana, el sentimiento monárquico y el democrático. Su teatro religioso consiste en los autos sacramentales y en comedias que dramatizan leyendas, milagros, escenas bíblicas y problemas teológicos. Interesa el teatro calderoniano no sólo por el carácter filosófico y por las ideas sino por el ropaje poético y conceptual en el que envuelve éstas.

Es un teatro de protagonista como recordarán los que hayan leído *La vida es sueño* o *El alcalde de Zalamea.* El dramaturgo se preocupa por la conducta del hombre, por su capacidad para escoger entre el bien y el mal, por el uso que hace del instinto y de la voluntad, de la razón y del entendimiento, por sus inquietudes en cuanto al destino humano. *La vida es sueño,* drama de interés universal, ejemplifica estos rasgos dominantes en el teatro calderoniano, pero no es el único. El hombre dispuesto a dar la vida por un ideal, por una convicción —religiosa o moral— el hombre que contempla la existencia como un tránsito fugaz hacia una gloria inmortal, se halla en muchos dramas de Calderón. Allí está, por ejemplo, en *El príncipe constante,* cuyo protagonista "ni al mal ni a la fortuna" tiene miedo porque le alienta un alto concepto del deber y de la fe. En la expedición de los portugueses a Marruecos, don Fernando, príncipe de Avis, cae cautivo del rey de Fez, el cual pide como rescate que le dé la ciudad cristiana de Ceuta.

El príncipe rehusa la oferta porque su suerte personal no es nada ante el deseo de engrandecer la fe en Dios. Los sufrimientos de don Fernando enfermo y casi paralítico y la muerte en la prisión constituyen la acción principal. En la secundaria —amores del general Muley con la hija de su soberano— se exalta el sentimiento monárquico. Cuando, agradecido al infante bizarro, quiere Muley salvarle de la prisión, es don Fernando mismo el que le aconseja que sirva a su rey —el rey de Fez— como es el deber de todos sus súbditos.

En la escena reproducida (de la primera jornada) vence el príncipe cristiano al general moro pero se apiada de su infelicidad amorosa y le deja marchar sin pedirle rescate, episodio que recuerda a *El Abencerraje* y la generosidad de Rodrigo de Narváez.

Calderón, tan amante de las estrofas italianas, emplea también el romance, al que da carácter culto con abundantes antítesis, metáforas, enumeraciones, repeticiones, paralelismos, juegos de conceptos, etc.

El príncipe constante

(*Don Fernando, con la espada de Muley, y Muley con adarga sola*)

DON FERNANDO: En la desierta campaña,
que tumba común parece
de cuerpos muertos, si ya
no es teatro de la muerte,
5 solo tú, moro, has quedado
porque rendida tu gente
se retiró, y tu caballo,
que mares de sangre vierte,
envuelto en polvo y espuma,
10 que él mismo levanta y pierde,
te dejó para despojo
de mi brazo altivo y fuerte,

entre los sueltos caballos
de los vencidos jinetes,[1]
15 Yo ufano con tal victoria,
que me ilustra y desvanece
más que el ver esta campaña
coronada de claveles;
pues es tanta la vertida
20 sangre con que se guarnece,
que la piedad de los ojos
fue tan grande, tan vêmente,[2]
de no ver siempre desdichas,
de no mirar ruinas siempre,
25 que por el campo buscaban
entre lo rojo lo verde.
En efecto, mi valor,
sujetando tus valientes
bríos, de tantos perdidos
30 un suelto caballo prende,
tan monstruo, que siendo hijo
del viento,[3] adopción pretende
del fuego y entre los dos
lo desdice y lo desmiente
35 el color, pues siendo blanco
dice el agua; parto es este
de mi esfera, sola yo
pude cuajarle de nieve.
En fin, en lo veloz, viento,
40 rayo en fin en lo eminente,
era por lo blanco cisne,
por lo sangriento era sierpe,
por lo hermoso era soberbio,

---

1 **entre . . . jinetes:** Calderón glosa varios romances en esta escena. Con estos dos versos y otros dos que se hallan más adelante ("que por el campo buscaban/ entre lo rojo lo verde") comienza un romance morisco de Góngora, sólo que éste emplea *Cenetes* (tribu del norte de África) en vez de *jinetes*. Hay otros versos iguales: "Triste camina el alarbe"; "que tan tiernamente llore/ quien tan duramente hiere", etc.

2 **vêmente:** vehemente.

3 **un suelto caballo . . . viento:** Según una antigua fábula, el caballo nacía de la unión de una yegua y el viento. En *La vida es sueño* dice Calderón: "un caballo,/ veloz aborto del aura".

por lo atrevido valiente,
45 por los relinchos lozano
y por las cernejas[4] fuerte.
En la silla y en las ancas
puestos los dos juntamente,
mares de sangre rompimos,
50 por cuyas ondas crueles
este bajel animado,[5]
hecho proa de la frente,
rompiendo el globo de nácar,
desde el codón al copete,[6]
55 pareció entre espuma y sangre
(ya que bajel quise hacerlo)
de cuatro espuelas herido,
que cuatro vientos le mueven.
Rindiose al fin, si hubo peso
60 que tanto atlante[7] oprimiese;
si bien el de las desdichas
hasta los brutos lo sienten;
o ya fue, que enternecido
entre su instinto dijese:
65 Triste camina el alarbe[8]
y el español parte alegre,
¿luego yo contra mi patria
soy traidor y soy aleve?
No quiero pasar de aquí;
70 y puesto que triste vienes,
tanto, que aunque el corazón
disimula cuanto puede,
por la boca y por los ojos,
volcanes que el pecho enciende,

---

[4] **cernejas:** mechón de pelo que tienen los caballos en la parte inferior de las patas, cerca de los cascos.

[5] **bajel animado:** barco con vida. Esta metáfora se refiere al caballo.

[6] **desde . . . copete:** desde la cola (o desde la bolsa de cuero que le cubre la cola al caballo) hasta el mechón de crin que le cae al caballo sobre la frente.

[7] **atlante:** cada una de las estatuas de hombres que sirven de columnas. Fue Atlante, o Atlas, jefe de los titanes que lucharon contra Júpiter, condenado por éste a llevar la bóveda celeste sobre sus hombros.

[8] **alarbe:** árabe.

75 ardientes suspiros lanza
y tiernas lágrimas vierte;
admirado mi valor
de ver, cada vez que vuelve,
que a un golpe de la fortuna
80 tanto se postre y sujete
tu valor, pienso que es otra
la causa que te entristece;
porque por la libertad
no era justo ni decente
85 que tan tiernamente llore
quien tan duramente hiere.
Y así, si el comunicar
los males alivio ofrece
al sentimiento, entre tanto
90 que llegamos a mi gente,
mi deseo a tu cuidado,
si tanto favor merece,
con razones le pregunta
comedidas y corteses,
95 ¿Qué sientes? pues ya he creído
que el venir preso no sientes.
Comunicado el dolor,
se aplaca si no se vence;
y yo que soy el que tuve
100 más parte en este accidente
de la fortuna,[9] también
quiero ser el que consuele
de tus suspiros la causa,
si la causa lo consiente.

MULEY: Valiente eres, español,
y cortés como valiente:
tan bien vences con la lengua,
como con la espada vences.
Tuya fue la vida, cuando
110 con la espada entre mi gente

[9] **accidente de la fortuna:** Se refiere a haber vencido a Muley. Con elegante humildad atribuye el príncipe su victoria a un capricho de la fortuna.

me venciste; pero ahora,
que con la lengua me prendes,
es tuya el alma, porque alma
y vida se confiesen
115 tuyas: de ambas eres dueño,
pues ya cruel, ya clemente,
por el trato y por las armas
me has cautivado dos veces.
Movido de la piedad
120 de oirme, español, y verme,
preguntado me has la causa
de mis suspiros ardientes;
y aunque confieso que el mal
repetido y dicho suele
125 templarse, también confieso
que quien le repite, quiere
aliviarse, y es mi mal
tan dueño de mis placeres,
que por no hacerles disgusto,
130 y que aliviado me deje,
no quisiera repetirla;
mas ya es fuerza obedecerte,
y quiérotela decir
por quien soy y por quien eres.
135 Sobrino del rey de Fez
soy; mi nombre es Muley Jeque,
familia que ilustran tantos
bajaes[10] y belerbeyes.[11]
Tan hijo fui de desdichas
140 desde mi primer oriente,[12]
que en el umbral de la vida
nací en brazos de la muerte.
Una desierta campaña,
que fue sepulcro eminente

---

10 **bajá**: el que antiguamente tenía un mandato superior en Turquía.

11 **belerbey**: Beglerbey era un título, en Turquía, de los gobernadores de provincia. En el siglo XVII se usó *belerbey* en el sentido de general de caballería de la milicia turca y también en el de hombre de armas.

12 **oriente**: salida; nacimiento.

145 de españoles, fue mi cuna;
pues para que lo confieses,
en los Gelves[13] nací el año
que os perdisteis en los Gelves.
A servir al rey mi tío
150 vine infante. Pero empiecen
las penas y la desdichas:
cesen las venturas, cesen.
Vine a Fez y una hermosura,
a quien he adorado siempre,
155 junto a mi casa vivía,
porque más cerca muriese.
Desde mis primeros años
porque más constante fuese
este amor, más imposible
160 de acabarse y de romperse,
ambos nos criamos juntos,
y amor en nuestras niñeces
no fue rayo, pues hirió
en lo humilde, tierno y débil
165 con más fuerza que pudiera
en lo augusto, altivo y fuerte;
tanto que para mostrar
sus fuerzas y sus poderes,
hirió nuestros corazones
170 con arpones[14] diferentes.
Pero como la porfía
del agua en las piedras suele
hacer señal, por la fuerza
no, sino cayendo siempre;
175 así las lágrimas mías,
porfiando eternamente,
la piedra del corazón,
más que los diamantes fuerte,
labraron; y no con fuerza

---

[13] **Gelves:** El desastre del isla de Gelves ocurrió en 1510. Si la acción del drama ocurre en 1437, lo que dice Muley es un anacronismo.

[14] **arpones:** palos, con punta de hierro para herir y otros dos para hacer presa, que se usan para pescar o cazar; flecha.

180 de méritos excelentes,
pero con mi mucho amor
vino en fin a enternecerse.
En este estado viví
algún tiempo, aunque fue breve,
185 gozando en auras süaves
mil amorosos deleites.
Ausenteme, por mi mal;
harto he dicho en ausenteme
pues en mi ausencia otro amante
190 ha venido a darme muerte.
El dichoso, yo infelice,
él asistiendo, yo ausente,
yo cautivo y libre él,
me contrastara mi suerte
195 cuando tú me cautivaste:
mira si es bien me lamente.

DON FERNANDO: Valiente moro y galán,
si adoras como refieres,
si idolatras como dices,
200 si amas como encareces,
si celas como suspiras,
si como recelas temes,
y si como sientes amas,
dichosamente padeces.
205 No quiero por tu rescate
más precio de que le aceptes;
vuélvete, y dile a tu dama
que por su esclavo te ofrece
un portugués caballero;
210 y si obligada pretende
pagarme el precio por ti,
yo te doy lo que me debes:
cobra la deuda en amor,
y logra tus intereses.
215 Ya el caballo, que rendido
cayó en el suelo, parece
con el ocio y el descanso

que restituido vuelve;
y porque sé qué es amor,
220 y qué es tardanza en ausentes,
no te quiero detener:
sube en tu caballo y vete.

MULEY: Nada mi voz te responde;
que a quien liberal ofrece,
225 sólo aceptar es lisonja.
Dime, portugués, quién eres.

DON FERNANDO: Un hombre noble, y no más.

MULEY: Bien lo muestras, seas quien fueres.
Para el bien y para el mal
230 soy tu esclavo eternamente.

DON FERNANDO: Toma el caballo, que es tarde.

MULEY: Pues si a ti te lo parece,
¿qué hará a quien vino cautivo.
y libre a su dama vuelve? (*Vase.*)

DON FERNANDO: Generosa acción es dar,
y más la vida.

MULEY: (*Dentro.*) ¡Valiente
portugués!

DON FERNANDO: (*Desde el caballo*
240 *habla.*)—¿Qué es lo que quieres?

MULEY: (*Dentro.*) Espero que he de pagarte
algún día tantos bienes.

DON FERNANDO: Gózalos tú.

MULEY: (*Dentro.*) Porque al fin,
245 hacer bien nunca se pierde.
Alá te guarde, español.

DON FERNANDO: Si Alá es Dios, con bien te lleve.

Glosario

acento: la mayor intensidad con que se pronuncia determinada sílaba de una palabra. Se llama también *acento prosódico*: be*lle*za, can*tar*. La tilde ʹ que se pone sobre la vocal acentuada se llama *acento ortográfico*: *dé*bil, *lá*grima. El *acento métrico* o *rítmico* es el que lleva el verso en determinadas sílabas: "err*a*do ll*e*va el cam*i*no,/err*a*da ll*e*va la gu*í*a" (tres acentos rítmicos en cada verso).

ad infinitum (lat.): hasta el infinito, sin fin

aféresis: supresión de una o más letras al principio de una palabra: *ora* (ahora); *norabuena* (enhorabuena)

aforismo: sentencia breve que lleva una enseñanza: "Cada uno en su casa y Dios en la de todos."

alegoría o **símbolo**: serie de metáforas consecutivas, unas con sentido recto y otras con sentido figurado

alejandrino: verso de 14 sílabas dividido en dos hemistiquios heptasílabos

aliteración o **paronomasia**: figura de dicción que consiste en usar una o más letras, repetidas veces, en una frase o en un verso: "pica tabaco la faca"

almorávides: tribu del Atlas que fundó un imperio en el occidente africano (s. XI) y dominó la España árabe de 1093 a 1148

anacreóntica: poesía que canta los placeres sensuales (el vino, la buena mesa, el amor, etc.), a imitación de Anacreonte, poeta griego (560–478 a. de J. C.)

anáfora: figura que consiste en la repetición deliberada de una o más palabras al comienzo de varios versos: "Fonte frida, fonte frida,/ fonte frida y con amor"

anagnórisis: reconocimiento de dos personajes literarios en un poema, drama, o novela

antítesis: figura retórica que consiste en contraponer dos palabras o dos frases de significación contraria en una forma concisa: "Ayer era rey de España,/ hoy no lo soy de una villa"; "cautiverio suave"

apócope (f.)**:** supresión de una o más letras al fin de una palabra: *ningún* (ninguno), *gran* (grande)

aposición: consiste en yuxtaponer un nombre a otro para aclarar el significado: "Carlos, emperador de Alemania y rey de España, se retiró a un monasterio"

apóstrofe (m.)**:** figura que consiste en dirigirse a una persona o a una cosa personificada, ausente o presente: "Ven, muerte tan escondida"

apóstrofo: signo ortográfico que indica la elisión o supresión de una vocal: *d'ese, qu'esclarecía.* Hoy no se usa en español.

arcaísmo: palabra o frase anticuada: *aína* (por pronto)

arte mayor, versos de—: los que tienen más de 8 sílabas

arte menor, versos de—: los que tienen 8 sílabas o menos

artísticos o **nuevos, romances—:** los compuestos por poetas conocidos de fines del s. XVI y del XVII. V. pág. 189.

asíndeton (m.)**:** figura que consiste en la supresión de conjunciones en una cláusula

asonancia: V. *rima*

asonante: V. *rima*

barroco: estilo artístico de los siglos XVI y XVII que se distingue por los excesivos adornos y el predominio de la línea curva. Se aplica el término a la literatura del XVII que se caracteriza por el culteranismo y el conceptismo. V. estos términos en este *Glosario.*

beatus ille (lat.)**:** feliz el que. Tema horaciano muy cantado en los siglos XVI y XVII, cuando se era aficionado a contrastar la paz del campo con la vida agitada de la ciudad: "menosprecio de corte y alabanza de aldea"

blanco, verso—: verso métrico que prescinde de la rima; se llama *suelto* también.

canción de amigo: canción de amor en labios de una mujer en la cual se dirige al amado; a veces a su madre de ella o a la naturaleza, a quienes se queja de la ausencia de aquél

caramba: canción popular argentina

carpe diem (lat.): aprovecha el día, goza del presente

conceptismo: estilo literario del s. XVII que se caracteriza por juegos de ingenio, agudezas de pensamiento, la ironía, la sátira; se sirve mucho de la antítesis y de los emblemas. A veces el estilo es muy conciso.

concepto: agudeza

consonancia: V. *rima*

consonantes, versos—: V. *rima*

contraposición: comparación u oposición

copla: cuatro versos octosílabos de los que riman los pares en asonancia

corrido: V. cap. sobre *El romance en América* en tomo II

cuarteta: combinación métrica de cuatro versos de arte menor de los que riman los pares

cuarteto: combinación métrica de cuatro versos de arte mayor, asonantes o consonantes

cuaternario, movimiento—: se dice que los romances tienen movimiento cuaternario cuando se dividen en grupos de cuatro versos. V. Lope: "A mis soledades voy".

culteranismo o **gongorismo:** estilo literario de fines del XVI y del siglo XVII que se caracteriza por la abundancia de metáforas, alusiones extrañas, hipérboles, empleo frecuente del hipérbaton

danza de la muerte: poema que trata de cómo la Muerte se lleva a todos los hombres, sin hacer distinciones. Tiene un fin moralizador y, al mostrar la fugacidad de la vida, hace una crítica de todas las clases sociales.

dativo ético: expresa el cariño o el interés con que se trata a una persona, animal, o cosa: cuída*me* al niño. También se le llama *dativo de interés.*

decasílabo: verso de 10 sílabas

décima: combinación métrica de 10 versos octosílabos que riman en consonancia, según este esquema, generalmente: abbaaccddc

deprecación: figura que consiste en dirigir una súplica ferviente

dieciseisílabo: verso de 16 sílabas. Se llama también *octonario.*

diéresis: licencia poética que consiste en pronunciar en dos sílabas las vocales de un diptongo. Se indica con un signo ortográfico ¨, dos puntos colocados sobre una de las vocales del diptongo: *süave su-a-ve*; *reïna* = *re-i-na*. También se pone una diéresis sobre la *u* en las sílabas *güe, güi*, para indicar que esa *u* se debe pronunciar, pero aquí no se separan las vocales del diptongo: *ver-güen-za*; *pin-güi-no*

dístico: estrofa de dos versos. Se llama también *pareado*.

dodecasílabo: verso de 12 sílabas

égloga: composición poética de ambiente bucólico o pastoril. Las hay representables.

elegía: composición lírica que lamenta la muerte de una persona, la pérdida de una ciudad o de un país, o simplemente expresa un sentimiento de tristeza

elipsis: figura de construcción que consiste en omitir en la oración palabra o palabras que no son absolutamente necesarias para el sentido: "Lo bueno, si breve, dos veces bueno" (Gracián). Se omite el verbo *es* antes y después de *breve*.

encabalgamiento: consiste en no hacer la pausa obligada al final de un verso porque la sintaxis exige que se siga hasta el verso siguiente: "mira que la dolencia/de amor, que no se cura/sino con la presencia y la figura" (San Juan) Se encabalga *dolencia* con *de amor*.

endecasílabo: verso de 11 sílabas

endecha: composición lírica de aire triste, en versos cortos; combinación métrica de cuatro versos de 6 ó 7 sílabas, generalmente asonantes. V. pág. 154, n. 1.

eneasílabo: verso de 9 sílabas

enlace, verso(s) de—: el que o los que unen dos interlocuciones

épica: poesía narrativa que trata de las hazañas de los héroes

épico, verso—: V. *Introd.*

epístola: composición poética, a modo de carta, generalmente escrita en tercetos, que tiene como propósito moralizar, satirizar o simplemente instruir

eruditos, romances—: los que en el siglo XVI se inspiran en los romances viejos y en las crónicas. Son un tanto prolijos, de tono pedantesco y propósito moral.

esdrújulo: palabra acentuada en la antepenúltima sílaba, v.g. pálido.

esperpento: visión deformada, caricaturesca y violenta de la realidad

estrambote (m.): versos que a veces se añaden a una composición poética, especialmente al soneto

estribillo: verso o versos con que se empiezan algunas poesías líricas o que se repiten a intervalos; en los romances, cada cuatro o cada ocho versos; en otras composiciones, después de cada estrofa o después de varias estrofas. El estribillo puede ser de igual número de sílabas que el romance o de medida diferente. Igual que la cuarteta, se usa mucho en el Romancero nuevo.

estrofas italianas: el soneto, el terceto, la silva, la lira, la octava rima. Fueron introducidas por Boscán y Garcilaso en la primera mitad del s. XVI.

gesta o **hazaña, cantar de—**: poema épico medieval que narra las hazañas bélicas de un héroe: *Cantar de Mio Cid*

gongorismo: V. Culteranismo

hagiográfico: perteneciente a la historia de la vida de los santos

hazaña: gesta, proeza

hemistiquio: cada una de las dos partes en que se divide un verso largo. No siempre son mitades.

heptasílabo: verso de 7 sílabas

heroico o **real, romance—**: es el romance endecasílabo. Se empleó en el teatro del Romanticismo.

hexasílabo: verso de 6 sílabas que generalmente se emplea en asuntos líricos

hipérbaton o **transposición**: figura de construcción que consiste en alterar el orden regular de las palabras en una oración

hipérbole: figura retórica que exagera, aumentando o empequeñeciendo lo que se expresa

imagen: representación viva de algo por medio de la palabra

imprecación: maldición: "Mal haya la mujer que en hombre fía" (Tirso)

increpación: reprensión severa

in medias res (lat.): en medio de las cosas; en plena acción

invectiva: sátira; discurso violento contra alguien o contra algo

invocación: parte del poema en que el poeta ruega a algún ser divino, verdadero o falso, para que le ayude

ironía: figura que consiste en dar

a entender lo contrario de lo que decimos

jácara: romance alegre que se cantaba y bailaba, cuyo tema versaba sobre la vida de rufianes, ladrones, etc.

juglar: V. *Introd.*

juglar de boca: el que cantaba los versos compuestos por un trovador

juglar de péñola (pluma): el que escribía romances para que otros los cantasen

juglarescos, romances—: los compuestos por juglares de mediados del s. XV para cantarlos en calles y tabernas. Son más extensos que los viejos y tratan principalmente de temas carolingios.

lais (fr.): breves poemitas narrativos sobre leyendas de Bretaña en los que se originan las novelas del ciclo bretón

letrilla: composición poética, de versos cortos y tono ligero o burlesco, que se divide en estrofas, al fin de las cuales hay un estribillo

libre, verso—: el que no rima con otros ni en consonancia ni en asonancia, ni sigue las reglas métricas (acentos, números de sílabas); sólo se guía por la cadencia. En cambio, los versos *blancos* o *sueltos* prescinden de la rima pero son versos métricos regulares.

lira: estrofa de cinco versos heptasílabos y endecasílabos que sigue el siguiente esquema: 7a-11b-7a-7b-11b

lusismo o **lusitanismo**: empleo de palabras portuguesas en otras lenguas

mañanita: canción popular hispanoamericana

mariano: perteneciente a la Virgen María; los temas marianos cantan los loores, gozos y milagros de Santa María

marinismo: V. *Góngora* pág. 193.

maya: canto a la venida del mes de mayo, a la primavera

metáfora: comparación tácita: *el otoño de la vida*

metátesis o **transposición**: figura de dicción que consiste en alterar el orden de los sonidos de un vocablo: *perlado* por prelado

mito: tradición fabulosa basada en los dioses, héroes, etc.; cosa fabulosa

mito literario: personaje que aparece una y otra vez en diversas obras: v.g. Don Juan

monorrimos, versos—: versos que tienen una sola rima, consonante: l*ego,* ci*ego* entr*ego*, gri*ego*

nana: canción de cuna

neologismo: vocablo o giro nuevo en una lengua

noticieros: los romances de carácter histórico que tratan de acontecimientos políticos de los siglos XIV y XV; precisan la época y el lugar (frontera granadina) donde se desarrolló un acontecimiento. También se llaman *noticiosos* y *propagandísticos*. Acaban por novelizarse.

novella italiana: la novela corta que se originó en Italia (Boccaccio, s. XIV). Trata de amores y aventuras.

nuevos, romances—: V. *artísticos*

octava: estrofa de ocho versos

octava rima u **octava real:** estrofa de origen italiano; ocho versos endecasílabos que riman en consonancia: abababcc

octonario: verso de 16 sílabas

octosílabo: verso de 8 sílabas

oda: composición lírica de tono elevado, generalmente escrita en heptasílabos y endecasílabos, cuyos temas varían: heroicidad, amor, filosofía, naturaleza, patria, etc. La *oda anacreóntica* exalta los placeres sensuales y se escribe en metros cortos.

onomatopeya: empleo de palabras que imitan el sonido de las cosas o de los animales: *quiquiriquí,* para imitar el canto del gallo; *fru-frú,* para imitar el sonido del tafetán

paradoja: figura de pensamiento que consiste en usar frases que aparentemente envuelven una contradicción: "Cuando estoy alegre lloro,/cuando estoy triste me río" (M. Machado)

paragógica: la *e* paragógica es la *e* que se añadía a las palabras agudas para que rimasen en asonancia con palabras llanas que tenían *e* en la sílaba final; v.g., *son* se convierte en *sone* para rimar con *corazones*. Se halla esta *e* paragógica en los romances más antiguos.

paralelismo: repetición de frases o versos en los que se expresa el mismo concepto, casi con las mismas palabras: "con el que ella más quería/ con el que ella más amaba"

pareado: estrofa de dos versos. También se llama *dístico*.

parnasianismo: escuela poética francesa de la segunda mitad del siglo XIX (1886) en la que se abogaba por unas formas poéticas bien construidas; sentían predilección por los colores y los efectos plásticos; de ahí la abundancia de temas pictóricos y escultóricos

parodia: imitación burlesca de una obra literaria seria

paronomasia: semejanza de sonidos entre dos o más palabras: *reja, raja*

pentasílabo: verso de 5 sílabas

perífrasis: circunloquio o rodeo para decir una cosa

pie quebrado: verso de 4 ó 5 sílabas que alterna con otros más largos

piscatorio, romance—: el que trata de la pesca o de pescadores

pliego suelto: pieza de papel cuadrangular, doblada por medio, en la que se publicaban romances en el siglo XV, hasta mediados del XVI cuando se empezaron a publicar colecciones. Los romances iban divididos en grupos de cuatro versos. También se les llamaban *pliegos de cordel* porque se ensartaban en un cordel o cuerda y se colgaban en las puertas de las tiendas para venderlos.

polisíndeton (f.): figura que consiste en emplear repetidamente una conjunción en una cláusula

preciosismo: refinamiento extremo en el lenguaje francés; movimiento análogo al gongorismo y al marinismo italiano

pregunta retórica: pregunta que no espera contestación

prosopopeya o **personificación**: figura retórica que atribuye acciones y cualidades humanas a las cosas inanimadas o abstractas

quintilla: combinación métrica de cinco versos octosílabos que riman en dos consonancias, al arbitrio del poeta siempre y cuando que no vayan seguidos tres versos de la misma consonancia

razzia: incursión en un país pequeño con objeto de conseguir un botín

real, romance—: V. *heroico*

Reconquista: período de lucha de moros y cristianos en la que éstos querían recuperar las tierras invadidas por aquéllos en el s. VIII. La Reconquista terminó en 1492 con la toma de Granada, después de ocho siglos de guerras intermitentes.

redondilla: combinación métrica de cuatro octosílabos que generalmente riman el primero con el cuarto y el segundo con el tercero

reiteración: repetición

reticencia: figura que consiste en dejar incompleta una frase, dando a entender lo que no se dice

rima: semejanza o igualdad entre los sonidos finales de los versos desde la última vocal acentuada hasta el fin. Si todas las letras son iguales, desde la última vocal acentuada, la rima es perfecta y se llama *consonancia*; los versos son *consonantes* o están *aconsonantados*. Si sólo las vocales son iguales, la rima es imperfecta y se llama *asonancia*; los versos son *asonantes* o están *asonantados*.

romancillo: romance de versos de menos de 8 sílabas

seguidillas: composición popular de cuatro versos en que riman los pares en asonancia. Pueden ser de hexasílabos; de heptasílabos y pentasílabos; de heptasílabos y hexasílabos. Y pueden tener estrambote de tres versos.

serventesio: cuarteto de rima cruzada: abab

serranilla: composición lírica en versos de arte menor que describe el encuentro de un caballero con una serrana o pastora y el diálogo entre ambos. V. pág. 127.

silva: combinación métrica que consta de una serie indefinida de versos heptasílabos y endecasílabos, aconsonantados al arbitrio del poeta. También se da el nombre a la composición poética escrita en silvas.

símil: comparación expresa entre dos cosas: se emplean palabras como "como", "cual", etc.

soneto: 14 versos endecasílabos que se dividen en dos cuartetos y dos tercetos. Los cuartetos riman: abba abba; los tercetos, al arbitrio del poeta, siempre que no rimen tres versos seguidos. El soneto desarrolla un solo pensamiento.

suelto, verso—: verso métrico que prescinde de la rima

superrealismo o **surrealismo** o **suprarrealismo**: movimiento artístico que representa la vida del subconsciente y se despreocupa de lo humano. Se comunica a la literatura y recalca lo subconsciente y lo irracional, las asociaciones automáticas y los sueños. Se originó en Francia después de 1918.

terceto: estrofa de tres versos endecasílabos en la que riman en consonancia el primero con el tercero; el segundo queda suelto pero en los tercetos encadenados rima con el primero y el tercero del segundo terceto y así sucesivamente hasta llegar al final; entonces se añade un verso más y se forma un serventesio. Hay tercetos de otras medidas.

tetrasílabo: verso de 4 sílabas

tirada de versos: serie de versos en un cantar de gesta con una sola asonancia

tridecasílabo: verso de 13 sílabas

trisílabo: verso de 3 sílabas

trobar clus: V. *Góngora,* pág. 193.

trovador: poeta de la Edad Media que componía canciones, especialmente amorosas

vanguardista: movimiento literario del s. xx que niega el pasado y persigue la originalidad. Incluye movimientos como el cubismo, el superrealismo, etc.

venatorio: perteneciente a la caza

vidalita: canción popular argentina de tema amoroso

viejos o **populares, romances—**: romances del siglo xv o anteriores; de carácter épico y forma narrativa. Se conservan por transmisión oral.

villancico: composición popular con estribillo. Hoy se aplica el nombre a los cantos de Navidad.

villanesca: canción rústica antigua

vulgares, romances—: dirigidos por el cantor de feria o el ciego (de ahí que se llamen también *romances de ciego*) que los canta a la gente que transita por calles y plazas; tratan de los acontecimientos diarios: peleas entre bandoleros, gitanos, rufianes, crímenes, etc. Son de poco valor artístico.

Romanceros

Damos a continuación los Romanceros[1] más importantes:

Cancionero de romances (que se llama también *Cancionero sin año* por ignorarse la fecha de su publicación), ed. de Martín Nucio, Amberes, mediados del siglo XVI. Se publica después en 1550, 1555, 1568, 1573, 1581, 1587. Con excepción de un romance por Torres Naharro, todos son anónimos.

Silva de varios romances en que están recopilados la mayor parte de los romances castellanos que hasta ahora se han compuesto, por Esteban García de Nájera, Zaragoza, 1550.

Rosa de romances, reunidos por Juan de Timoneda, Valencia, 1572, 1573. (La primera parte, *Rosa de amores,* 1572; las tres restantes, *Rosa española, Rosa gentil,* y *Rosa real,* en 1573.)

Romancero general, Madrid, 1600; segunda parte, publicada por Miguel de Madrigal, Valladolid, 1605. Contiene romances artísticos.

Primavera y flor de los mejores romances, recogidos por el Licenciado Pedro Arias Pérez, Madrid, 1621. Reimpreso con un estudio preliminar de José F. Montesino, ed. Castalia, Valencia, 1954.

Colección de romances antiguos, publicada por Agustín Durán (1793–1862), Madrid, 1828–1832. Se conoce esta colección —que se aumentó y forma dos tomos de la Biblioteca de autores españoles, Vols. X y XVI— con el nombre de *Romancero de Durán,* el más extenso publicado hasta entonces.

---

[1] Se publicaron algunos romances a principios del s. XVI en *Guirnalda esmaltada de galanes y eloquentes decires de diversos autores,* de Juan Fernández de Constantina, y en el *Cancionero general,* reunido por Hernando del Castillo, Valencia, 1511, que imprime algunos de los romances más famosos. A.M. Huntington publicó facsímil de la edición de 1520, en New York, 1904.

Antología de poetas líricos castellanos, publicada por Marcelino Menéndez Pelayo, Madrid, 1899–1900 (Vols. VIII, IX, y X).

Flor nueva de romances viejos, publicado por Ramón Menéndez Pidal, Madrid, 1928; reeditado en 1933.

Romancero español, ed. de L. Santullano, Madrid, Aguilar, 1930; nueva ed., 1943.

Romancero, selección de G. Menéndez Pidal, Madrid, 1933 (Biblioteca Literaria del Estudiante, XXV).

En el extranjero se publican dos Romanceros que dan a conocer los romances en Europa:

Silva de romances viejos, ed. por Jacobo Grimm, Viena, 1815. Es la primera edición moderna del Romancero español.

Primavera y flor de romances, ed. por F. J. Wolf y C. Hoffmann, Berlín, 1856. Reimpreso en *Antología* de Menéndez Pelayo, 1899, y en ed. Nacional, 1945, VIII.